你比任何玩具都让孩子着迷

打造家庭带来的归属感和安全感

吴安奉 编著

汕头大学出版社

图书在版编目（CIP）数据

你比任何玩具都让孩子着迷 / 吴安奉编著 . -- 汕头：汕头大学出版社 , 2020.12
　　ISBN 978-7-5658-4297-9

Ⅰ . ①你… Ⅱ . ①吴… Ⅲ . ①家庭教育 Ⅳ . ① G78

中国版本图书馆 CIP 数据核字 (2020) 第 266304 号

你比任何玩具都让孩子着迷　　NI BI RENHE WANJU DOU RANG HAIZI ZHAOMI

编　　著：	吴安奉
责任编辑：	胡开祥
封面设计：	天下书装
出版发行：	汕头大学出版社
	广东省汕头大学路 243 号汕头大学校园内　邮政编码：515063
电　　话：	0754-82904613
印　　刷：	廊坊市瀚源印刷有限公司
开　　本：	710mm×1000mm 1/16
印　　张：	12
字　　数：	165 千字
版　　次：	2020 年 12 月第 1 版
印　　次：	2021 年 1 月第 1 次印刷
定　　价：	42.80 元

ISBN 978-7-5658-4297-9

版权所有，翻版必究
如有印装质量问题，请与承印厂联系退换

前 言

教育孩子对于每一个家长来说都是一项艰难的任务。身为父母，都希望自己的孩子健康、快乐地成长，并且成长为优秀的人。但在教育孩子的过程中，若是孩子没有遂家长的意愿，很多家长就会产生情绪急躁或不耐烦的表现，或是大声斥责，或是"混合双打"，直到孩子在委屈和不情愿下向父母妥协。这样的教育方式正确吗？这种方式教育出来的孩子真的会健康、快乐吗？

每一位家长也都是从孩子长大成人的，回想一下，当你还是孩子的时候，父母若是以这样的方式教育你，你的内心会是健康和快乐的吗？相信答案是否定的。每一个孩子都希望得到父母的爱，希望父母能够成为他们的朋友，能够在快乐的时候与他们一起分享快乐，在悲伤的时候可以抚慰他们的心灵，在困惑的时候认真帮助他们解答疑惑。这才是孩子想要的，而这也才是家长们应该学习的教育方式。这种教育方式就是本书所要讲的情感式引导教育。

很多家长可能有疑问，什么是情感式引导教育。西方有一本书《你就是孩子最好的玩具》中对情感引导做出解释："情感引导其实就是向孩子传授情感规则，让他们知道如何辨认情感并且以恰当的方式来表达。通过引导，父母可以根据孩子的发展阶段来帮助他们认知情感和表达自我。"

情感式引导教育在全世界都是适用的，这种教育方式不仅能拉近孩子与父母彼此之间的距离，搭建起双方沟通的桥梁，更能让孩子把父母当成最知心的朋友，无论遇到什么问题，都会向父母倾诉。而父母在了解孩子各种问题后，通过引导的方式帮助孩子一个个化解问题，找回快乐。

本书根据中国的国情，把情感式引导教育通过九大章节讲述出来。首先是告诉父母先学会蹲下来与孩子沟通，不要总是高高在上，俯视孩子，成为他的知心朋友应是建立在双方平等的关系上；接着让家长明白与孩子情感交流时不能粗暴对待，要注意说话的方法和语气，让孩子感受到你的善意；进而告之家长如何批评孩子他能更愿意接受，如何通过鼓励的语言建立起孩子的自信；再往下希望家长们学会给孩子自由，在教育孩子的过程中不要束缚他们，解放他们的思想，培养他们的独立性；当孩子拥有了独立性后就要让孩子在挫折中成长，不能让他们成为"温室的花朵"——不经历风雨，怎能见到彩虹。最后两章主要讲解情绪在情感式引导教育中的关键性：第八章讲如何引导孩子化解坏情绪、保持好心态，第九章告诉父母如何在沟通中保持好自己的情绪。这九章层层递进，通过中国家庭教育中常见的案例为父母们找到解决之道。相信每一位家长在看完本书后，都会对情感式引导教育有了更深刻的了解，在教育孩子的过程中能够熟练运用各种情感式引导，帮助孩子解决各种问题，让孩子拥有一个快乐的童年，同时让孩子在成长中变得越来越优秀，最终成为闪闪发光的金子。

目录

第一章 走入孩子的内心，打开孩童世界的心扉 …………**001**

商量的语气，让你做孩子更亲密的人 ……………………002

蹲下来，以孩子的视角与他沟通 …………………………005

尊重孩子，给予他更多的信任………………………………009

孩子也有自己的秘密，不要总想去窥探……………………013

通过肢体接触，加强你与孩子之间的情感…………………016

第二章 语气温和，情感式引导教育拒绝粗暴 ……………**021**

打骂和体罚，只会让孩子惧怕你 …………………………022

面对孩子不知道的错误，批评要有分寸和尺度 …………027

永远不要骂孩子"笨蛋"，这个词会深深地刺痛孩子 …030

听不听话，不是衡量孩子好坏的标准 ……………………032

对于孩子的错误，有时可以用故事来教育 ………………034

第三章 赞美不贬低，把话说到孩子心底去 ………………**039**

对于孩子的付出，给予积极的肯定 ………………………040

赞美要具体，不能说的太宽泛 ……………………………043

赞美不能敷衍，需要父母拿出真诚来对待 ………………045

赞美要适当，切不可过度为之 ……………………………048

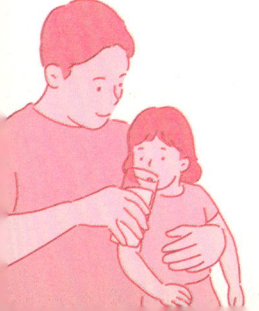

时刻注意孩子，发现他们身上的"闪光点" ……………051

　　标签效应：用鼓励发掘出孩子的隐性优点………………054

第四章　批评不带伤害，你的话孩子才会牢记于心…………**061**

　　孩子小不等于没自尊，批评绝不可当着他人面…………062

　　批评的语气要委婉，让孩子自己去领悟……………………064

　　批评孩子切忌唠叨，言简意赅更有说服力…………………067

　　孩子犯了错，先听解释而非直接批评…………………………070

　　与其批评，不如多给些建议……………………………………073

　　家长也会犯错，有错误要勇于向孩子道歉…………………076

第五章　不去束缚，让孩子拥有自己的天空……………………**081**

　　看似残酷无情的方式，却是最理智的教育………………082

　　从小培养独立自主，摆脱依赖的习惯………………………085

　　溺爱，绝对不是为了孩子好……………………………………088

　　培养独立思维，让孩子拥有自己的想法……………………090

　　孩子做家务，在劳动中提高独立自主性……………………094

　　通过旅行，锻炼出孩子独立的自我…………………………098

第六章　做个好听众，耐心地倾听孩子的每一句话…………**103**

　　认真的倾听，不要把孩子的话当作耳旁风………………104

　　做个主动倾听者，与孩子心与心的交流……………………108

　　打开聆听渠道，让孩子多讲讲学校的事儿…………………111

　　倾听孩子说话时，最忌讳保持沉默…………………………114

　　无论多幼稚的意见，都鼓励孩子大声说出来………………116

第七章　孩子不是温室的花朵，挫折是成长最好的土 ……121
　　坚强的意志，都是在挫折中磨炼而出 ……122
　　从小让孩子明白，赚钱并非那么容易 ……125
　　孩子没有那么脆弱，他们不是"易碎品" ……127
　　吃过苦的孩子，才明白幸福的感受 ……130
　　孩子的成长需要压力，那是动力的源泉 ……135
　　困难来临，引导孩子微笑面对 ……138

第八章　引导孩子控制情绪，正能量助他创造未来 ……143
　　面壁思过，让孩子的坏情绪冷却 ……144
　　告别猜疑，好孩子要学会坦诚布公 ……147
　　防止孩子抑郁，陪伴孩子快乐成长 ……150
　　让孩子远离抱怨，那不会有任何效果 ……154
　　克服胆怯，给孩子更多的鼓励 ……157
　　当孩子有情绪时，给他们一个释放的空间 ……160

第九章　想要良好的沟通，家长必须保持好自身情绪 ……165
　　父母情绪稳定，孩子才能拥有快乐的童年 ……166
　　在你发怒时，想办法让自己冷静下来 ……168
　　家长压力再大，孩子也非你的"出气筒" ……170
　　做家长要有耐心，你的催促只会让孩子更毛躁 ……172
　　别因为你的不耐烦，盲目打断孩子的话 ……176
　　言传身教，做好孩子的第一任老师 ……180

· 003 ·

第一章

走入孩子的内心
打开孩童世界的心扉

商量的语气，让你做孩子更亲密的人

语言是人与人沟通的重要桥梁，与其说语言的内容决定了沟通的成效，不如说语气的应用影响了内容的发挥。一位优秀的妈妈，要想做到情感式引导教育，首先需要培养与孩子的情感。而情感的基础，就是拉近与孩子的距离，成为孩子最亲密的人。

妈妈和孩子之间的沟通逃不过语言的媒介，是不是因为是母子关系，就不需要注重语气等问题了呢？当然不是，每个孩子都是有自尊心的，都希望获得他人的尊重，在听到妈妈指责、训斥、命令的言语和语气时，都会感到难受和不安，内心也会有一定的逆反情绪。这种情况下母子间情感会变得越来越淡，还谈何情感式引导教育呢？

那么，妈妈应该如何注重语气的使用，拉近与孩子间的情感呢？我们可以来对比两种语气。比如，妈妈想要孩子把地上乱丢的玩具收拾整理一下，是说："飞飞，你怎么回事，把地上弄这么乱，赶快，收拾干净！"还是说："飞飞，你的玩具在到处流浪啊，你可不可以把它们送回家呢？"妈妈的目的都是希望孩子把玩具收拾好，但是，前者是命令、指责的语气，后者是商量、温和的语气，相信任何一个孩子都更愿意接受妈妈的第二种语言方式。

如果妈妈要的只是孩子行动的结果，那么，用商量的口气对孩子说话也更容易让孩子行动起来，而且孩子也不会对妈妈心存埋怨。如果妈妈认定自己的孩子是"吃硬不吃软"的人，不妨试试用软一点儿的方式，也许，结果会出乎意料。

所以，当急于有话对孩子说的时候，不妨先等一两秒钟，深吸一口气，再慢慢地呼出来。这个过程是让妈妈做好用商量的语气说话的准备。

通常，在与孩子用商量的语气说话时，最好多用"可以吗""怎么样"这样的词语。当养成这样的习惯后，与孩子聊天就会自然而然地做到万事商量着来。

洗完澡的杨洋忘记把脏衣服放到洗衣机里，妈妈发现后，就喊他过来："杨洋，请你过来下。"

杨洋边往卫生间走，边说："我肯定又犯什么错了。"

妈妈说："是犯了小错，你下次洗完澡，记得把脏衣服放进洗衣机里，怎么样？"

"可以！"杨洋恳切地回答。

第二天，同样的场景又发生了，妈妈再次喊："杨洋，请你过来一下！"

这次，杨洋赶忙跑进卫生间说："妈妈，对不起啊，我又忘记了，明天一定不犯了！"

杨洋的妈妈不但用了"怎么样"，还用了"请"，这样温和而礼貌的词语是很难遭到孩子拒绝的，孩子只能乖乖听话。

所以，当准备说一句命令式的陈述句时，完全可以换成疑问句，句子中

加上"能不能""可不可以""好不好"等语言，孩子基本上只能回答"好的"了。

在与孩子商量时，妈妈除了多用商量的词语外，还需要注意说话的语气与语调。商量的语气往往是柔和的，而不是生硬的。如果妈妈不知道怎么说才算得上柔和，那就把语速放慢，声音放低，效果肯定会大有不同。同样一句话，比如"你可不可以把手洗干净？"，如果妈妈的语速很快，声音很大，那是在命令孩子；如果语速慢下来，语调柔和下来，就属于商量的口气了。

有的父母可能会说：我这人天生心直口快，温柔的话说不来。那就只能先让心柔软下来，语言才能跟着柔软。

与孩子商量时，有一个最重要的关键：允许孩子有其他的意见。如果商量只是为了得到孩子的认同，孩子一有反对意见，就立刻让你驳回，那就称不上是什么商量了。

每个周六，妈妈都会带孩子去附近的公园走走，但是，这周六妈妈加班，决定把孩子放到奶奶家。当妈妈去跟儿子商量的时候，儿子表示可以自己在家玩，妈妈不同意，但是儿子仍表示不想去奶奶家。

最后，妈妈干脆说："你没选择的余地，明天必须去奶奶家。"儿子噘着小嘴走开了。

妈妈用商量的语气和孩子谈事情，就要做好孩子有另外打算的准备，既然是商量就有成功有失败，不能抱着成功的希望去了，当孩子没有和妈妈达成一致时，妈妈又生气了，又会用命令的语言要求孩子。

所以，如果妈妈没打算接受孩子的其他意见，就不要用商量的口气，用温和的语言把你的计划告诉他就可以了，免得两个人像拔河一样拔来拔去，最后双方都不愉快。由此可见，情感式引导教育需要家长的耐心，需要家长有温柔的语气，唯有这样，才能逐渐走进孩子的内心，拉近与孩子的距离，成为孩子的朋友。

蹲下来，以孩子的视角与他沟通

每一位妈妈都必然经历过从小孩到慢慢长大的过程，对小时候被"教训"肯定深有体会。那时，相信每一位还是孩子的妈妈也肯定迷茫，对大人感到气愤，不解为何他们不理解自己。但现在自己成了孩子的妈妈，却又是以大人的角度去看待孩子，丝毫不顾及孩子的感受。这样的话，如何能够走入孩子的内心，又如何运用情感式引导教育呢？

孩子都有自己的想法，希望得到妈妈的理解和尊重。但很多妈妈对待孩子就好像上级对待下级一样，不但不认同孩子的想法和行为方式，还强加干涉。这样一来，妈妈不但从心底觉得孩子难以管教，同时也会摧毁她们自己在孩子心中的良好形象。

其实，很多教育孩子的问题都不难解决，只要当妈妈的懂得情感式引导教育，明白唯有蹲下来，以孩子的视角去看待问题，和孩子一起讨论问题，就能够赢得孩子的心，敞开孩子的心灵。

慧慧的妈妈原本遇到了一件异常气愤的事情，起初她满脑子的想法就是给妞妞这个捣蛋鬼一点厉害瞧瞧。但是当她看到孩子眼睛中流露出的纯真与用心，回想起当年的自己，立即改变了想法，她蹲下来和孩子一起慢慢交流、沟通，因此成就了一次难得的亲子互动。

那天，慧慧的妈妈买完菜回到家，一进门的瞬间她就震惊了。她发现

慧慧的身上和衣服上沾满了水彩的涂料，人整个成了"大花猫"。而辛辛苦苦收拾干净的家，现在也是凌乱不堪，茶几上的桌布也已经被涂料染上各种斑点。妈妈看到这里，气不打一处来，走上前就准备"教训"慧慧。可当她走到慧慧身边时，看到慧慧用水彩涂料画的那幅作品时，手慢慢地放了下来。虽然是一幅很幼稚的画，但上面有着太阳、草原、房子，还有看起来像小朋友的几个人一起玩耍，妈妈忽然想到了自己小的时候，也总是喜欢这样画画。于是，妈妈蹲了下来，和慧慧说："我们一起画好不好？"慧慧高兴地拍手答应了。就这样，母女俩一起又在房子旁边画上了秋千，房子的前面画了一条小河……时间过得很快，转眼到了晚上，当慧慧的父亲回到家时，母女俩都没有发现，不亦乐乎地继续"画"着这美好的一天。

妈妈与慧慧能够这样愉快地度过一天，最主要的原因是妈妈懂得情感式引导沟通，一开始没有因为慧慧把家弄乱而教训她，而是懂得蹲下来，回归到自己孩童时的心态，与慧慧一起完成她美好的一天。从这里可以看出，慧慧的妈妈明白情感式引导教育的精髓。可以想象，如果妈妈一进门就因为家里凌乱而打骂了慧慧，不只母女俩一天的好心情都会受到影响，更会影响两人之间的感情和亲密度。

学会蹲下来，站在孩子的角度看待问题，这样不仅会对孩子的想法和做法能够理解，也会对孩子有更多的包容和肯定。当孩子感受到了家长的认可后，他的内心会感到愉快、得到满足，这会让孩子的成长更加健康。

丽丽放学回家后，向妈妈抱怨道："今天老师当着全班同学的面批评我，弄得我下不来台。"妈妈立即质问道："你是做了什么错事惹老师生气了？"丽丽说："我什么都没干，老师借题发挥。"妈妈用不信任的口气说："你就会找借口。"丽丽不开心地瞪了妈妈一眼。妈妈继续追问："那你是怎么想的,又打算做些什么呢?"丽丽噘着嘴提高音量说了句:"什么也不想,什么也不做。"妈妈意识到两人这样针锋相对地交谈下去,非但解决不了问题,还会引发矛盾,于是决定放下家长的架子,以同学或是朋友的身份与丽丽交谈。她用温和而友好的语气说:"老师当着全班同学的面批评你,我想你当时一定感到很委屈,又很没面子,是吧?"丽丽的态度发生了转变,她抬头看了妈妈一眼,眼中的怒气已经平息了不少。接着妈妈又说道:"其实,妈妈小时候也遭遇过类似的事情。记得上小学四年级的时候,我参加期末考试,结果进了考场,发现自己忘记带铅笔了。我很害怕,赶紧起身向旁边的同学借,谁知老师以为我要作弊,当场就对我进行了批评教育。当时,考场上那么多同学都看着我,或许也认为我是个作弊的坏孩子,弄得我既尴尬又气愤,一点都没有心情答题了。"丽丽听得津津有味,好像都忘记了自己的不快,她对妈妈说道:"其实我也是想跟同学借块橡皮用,总不能在本上乱涂乱改啊,可是老师偏偏认为我是错的,还批评我,真是不公平。"妈妈附和道:

"这确实不公平,那么为了避免再次被老师误解,我们是不是应该想想别的办法?"丽丽和妈妈交谈得很愉快,心情大好,她开心地说:"很简单啊,我多准备一块橡皮不就好了?"妈妈点点丽丽的额头,笑着说道:"你真是个小机灵鬼。"

每一个孩子都有一个自己的世界,每一个孩子都是一个独立的天才,家长不能小觑了他们。所以,家长应常抱着敬畏的心情与孩子们交流沟通和体验生活。无论是作为家长还是老师,都不得不承认孩子在一天天慢慢长大,思想变在一天天复杂。孩子自有孩子自己的世界和想法,也许在家长的眼里他们总是孩子,但家长如果有足够的细心和观察力,肯定就会发现,孩子在不知不觉中思考着许多家长认为他们毫不知情的事情。当然也许会是因为年龄和人生阅历的关系,孩子所知只是一些表面的、肤浅的。但是孩子开始独立学习细心思考,不管思考的结果如何,孩子毕竟是动脑子想了,得肯定这一点。如果家长能够走进孩子的心灵世界,明白孩子的所思所想,家长便可以适时地加以正确疏导,引导他们少走弯路。在孩子增长文化知识的同时,帮助他们学会做人做事,渐渐变得成熟起来。

孩子就是人性最本真的代言人,能够准确理解和把握人性的家长,往往拥有正确的家庭教育观。然而,家长们常常以为人成熟而自居,看待孩子时总是用成人的眼光,他们认为孩子的行为简直是幼稚之极。殊不知,对待孩子报以这样的眼光,只会让自己和孩子渐行渐远,更何谈真正走进孩子的内心世界,满脑子都是孩子的缺点呢。对待孩子,家长一定要保持一颗童心,这也是和孩子沟通的重要前提。在现实生活中,家长一定要给孩子多一分的理解和宽容,学会站在孩子的角度去思考问题,减少对孩子的严厉苛责，这样才有助于搭建亲子之间的感情桥梁，为孩子营造一个良好的成长氛围。当家长到达这种境界时，孩子内心世界的大门才会真正为你敞开，孩子才会真正认可你这位心灵导师，这样你才能帮助孩子健康快乐地成长。

下蹲和孩子保持同等的高度，不单单要求家长要做到表面上的平等，实质上这是暗示家长要在心理上和孩子保持同等的位置，家长能这么做，才能真正做到用平等的态度去和孩子交流。因为只有在心理上和孩子保持平等，孩子才会将自己的心扉向家长敞开。

情感式引导教育很关键的一步，就是能够蹲下来。不管孩子的想法正确与否、有无道理，只有从生理上和心理上都能蹲下来和孩子说话，进入孩子的世界感受孩子，家长和孩子之间才能更好地沟通，才能建立家长与孩子间更亲密的关系；只有在了解了孩子的真实想法之后，家长才可能有的放矢地教育孩子。

尊重孩子，给予他更多的信任

身为妈妈的你是否曾经思考过："当孩子的行动被你的行动替代时，这是否是一种心理上的帮助，久而久之孩子就从心理上形成了一种依赖感。"妈妈没有给予孩子一些自己做选择的权利，无形中阻碍了孩子的成长。

当今社会大多数家庭都是独生子女家庭，家庭教育问题也变得尤为严峻，据调查显示：现如今，妈妈对孩子越来越严厉，对孩子的要求也越来越多，这无形之中给孩子造成了难以想象的压力，这种负担是孩子承受不起的。

因此，在对待教育孩子的问题上，妈妈一定要深思熟虑，必须用最为科学有效的方法对孩子进行教育。而这种科学有效的方法就是情感式引导教育。很多妈妈发现，越是强势的妈妈，在这样家庭环境下成长起来的孩子越是懦弱，这一现象在名人家庭的孩子身上尤为突显。遗传因素虽然是一方面原因，但还有一点需要大家注意，那就是孩子受到妈妈过于严苛的教育，孩子因此无法获得足够的信任和自由成长的空间，最后导致了孩子对妈妈身心的双重依赖，久而久之孩子也就越来越胆小，遇事首先想到寻求妈妈的帮助，责任意识根本不存在与他们的脑海。

家庭教育看似简单，但要想把家庭教育做好，却是一门很深的学问，尤其是情感式引导教育。在进行情感式引导教育之前，妈妈首先应该明确自己的教育观，自己的主要任务是给孩子提供学习条件，在一些事情上可以给孩子们参考性的建议，多多理解和信任孩子，但最终的选择权应该还给孩子。妈妈应引导孩子树立正确的学习观，养成良好的学习习惯，至于其他的，应更多地让孩子自己去切身感受。对孩子不要给予太多的束缚和压力。可适度给予孩子一些压力，小的压力可以转换成动力，但妈妈往往是望子成才心切，给孩子造成了很大的压力，孩子不堪重负，结果适得其反。乃至造成很多孩子厌学、逃学的结果。妈妈们常常将责任归咎于孩子，但你们有没有认真想过，这样的结果是你们一手造成的！

社会竞争日益激烈，但妈妈不能常常以这为借口，毕竟，孩子幼小的心灵是承担不起那么多重负的！成长中的孩子最需要的是妈妈的信任，很少妈妈能够做到给予孩子足够的信任。大多数妈妈常常不信任自己的孩子，她们往往表现出口头相信，但内心却总把孩子往不好的地方想，从而造成了越是担心什么就越发生什么的悲剧。如果任由自己的大脑去想那么多不好的事情，妈妈自己也会感到身心俱疲。这就好比手中的沙子，越是想握紧，沙子从指缝流失的速度越快。所以，各位妈妈请不要将孩子抓得那么牢，请给予孩子多一点的信任。

成年人和青少年的思维怎么会一样呢？遇到同样的事情，往往因为各自思维的角度不同而引发很多矛盾，孩子有自己逻辑思维和做事的方式，所以，请给他们多一些理解吧。但大多数妈妈总是喜欢用自己的思维方法给孩子下结论，她们不会站在孩子的角度思考问题，常常对自己的孩子进行呵斥。一般情况下，如果孩子敢向妈妈表达自己的想法，这说明亲子关系是开放的，这样的关系可以让彼此敞开心扉自由交谈；但妈妈的出发点总是为了维护自己的权威，对孩子没有一丝笑容，强迫孩子按照自己的意愿行事，这样做不仅伤害到了孩子的自尊心，造成亲子关系的疏远，更会让孩子不愿意和妈妈交流，隐藏自己的想法。当妈妈发现孩子违背自己的意愿时，身为妈妈的你应当怎样做呢？随着时间的推移，妈妈应当给孩子更多的自由和信任。

总之，孩子能够从妈妈那里得到足够的信任和支持，一旦孩子产生什么想法，他们会及时和妈妈汇报沟通。在这样环境下成长起来的孩子，也必定是一个乐观自信的人。

面对孩子的成长，妈妈应当应用情感式引导教育，明白教育在于引导而非压制，学会放开手脚让孩子去做他们认为能做的事情，孩子经过实践的检验才会得到成长和进步；经历的挑战越多，孩子才能有勇气去面对社会上更加错综复杂的挑战。孩子的独立意识，妈妈一定要特意培养，独立的孩子才能成功走向社会。与此同时，妈妈也要注意培养孩子的责任心，没有责任心的孩子是长不大的。孩子脱离依赖父母的过程，也正是强大自己的过程。孩子的依赖感越

小，责任心也就越重；责任心越强的孩子能更快地独立。妈妈培养孩子独立上学的习惯，能让孩子接触到外界更多的人和事，慢慢地他们也就学会了独自面对风险和挫折等问题。妈妈不要把孩子当成一个花瓶去对待，凡事都替孩子去做，到最后真把孩子养成了一个一碰就碎的"花瓶"。不管孩子身在何处，妈妈都应该给孩子一些选择权，让他们选择自己想做的事情。例如，和周围的人发生争执时怎么处理，遇到其他问题自己应该做怎样的决策，从小就培养孩子独立思考和解决问题的能力，这样更有利于孩子将来的发展。

一个衣来伸手、饭来张口的孩子，他吃饭的前提是妈妈亲自把饭端到他面前才肯吃。一天，妈妈因为中午有事需要外出，所以提前把午饭做好，在饭菜上面盖了一个碗，妈妈觉得孩子看到"盖"饭菜的碗就知道了。可是妈妈在下午回来的时候，发现那饭菜纹丝未动，还和走之前一样放在那里。不一会儿，放学回家的孩子一进门就哇哇大哭，他抱怨妈妈不给自己做中午饭，弄得他妈妈当时手足无措。这就是父母宠出来、凡事都替代的孩子，这样的孩子离开父母就什么也做不成。

现如今的妈妈对待孩子，不仅仅是在学习上给他们施加压力，甚至连生活习惯上也要让他们符合自己的要求。举例来说，要求孩子遵守作息时间，保持室内的整洁，这些要求本来无可厚非，但是因为父母的过于严苛，不论是谁都会被压得喘不过来气。

不论是谁都需要一个自由的空间，孩子也不例外。人类最原始的渴望就是向往自由，还孩子一片自由的空间！如果妈妈既希望孩子保持积极、健康的心态，又要剥夺他们在生活中自己做主、做事的权利，那么何谈让孩子健康成长呢？造成日后孩子的懒惰和依赖，身为妈妈的你又有什么理由去指责他呢，想想这是谁一手造成的？

尊重别人，别人才会尊重你，妈妈尊重孩子，等于无形中教会了孩子尊重妈妈，当孩子的自尊需求得到满足后，不用妈妈多说，孩子也会尽一切努力去做好事情。所以，妈妈大可不必在孩子身上花太多的精力和心思，信任孩子就是关爱孩子的最好例证，孩子因为得到妈妈的信任，而对妈妈倍加遵从。这样的孩子才能得到健康的成长！

孩子也有自己的秘密，不要总想去窥探

随着孩子的日渐成熟，他们不会再像从前那样积极和父母汇报学习情况；他们时常对着手机里一条短信莫名地傻笑；日记本上锁，孩子根本就没有给父母看的意思。这个时候的孩子已经开始注意保护自己的隐私，他们视此为神圣不可侵犯的领地，甚至他们的父母都不能踏入半步。

但是，偏偏有些父母隐忍不住他们猎奇的心理，他们绞尽脑汁窥探着孩子的隐私。父母们想搞清楚，我家孩子究竟是怎么了，是不是早恋了？于是，将孩子领地一探究竟成了许多父母的"嗜好"。这是情感式引导教育最忌讳的一点，因为孩子的心是敏感的，他们会因父母这样的行为而受到伤害，从而更加远离父母。当孩子离你越来越远，那还从何谈情感，又何谈情感式引导教育。

几个已经读高中的孩子经常聚在一起探讨："现在，我越来越认为没办法和父母沟通了。父母的良苦用心我明白，但他们也不能以爱之名来窥探我的隐私吧，现在我对他们已经没有什么信任感了，他们这样做的后果，严重影响了彼此的感情。"显而易见，这是当下孩子和父母间的"主流矛盾"。

一个名叫赵红的女孩上小学了，在妈妈眼里她一直都是乖女儿，但一

个偶然的机会，妈妈惊讶地发现，赵红竟藏着许多秘密。

一个周末下午，在家打扫卫生的妈妈像往常一样帮女儿整理房屋，无意间发现了赵红遗忘在床上的抽屉钥匙，平时女儿总是把这个钥匙随身带着。妈妈犹豫了几秒钟，终于忍不住好奇，打开了抽屉。妈妈在打开抽屉后被惊了一下——抽屉里全是歌星和影星的海报、CD……妈妈对此感到十分生气。在她看来，一个十几岁的女孩应该将学习放在首要位置，但女儿的喜好却让她痛心不已。晚上女儿回来后，妈妈不问缘由便训斥了女儿一顿，还动手打了女儿。

事后，赵红给妈妈写了一封信，她说："如果说孩子没有隐私，那绝对是错误的！每个孩子都有属于自己的一片神圣不可侵犯领地，大人们也应该尊重孩子的隐私，请妈妈还我一片，自己的天空。"妈妈看了女儿的信后，知道自己做错了，于是进行了自我检讨。

后来，妈妈再也没有侵犯赵红的隐私。妈妈表示，不管你是否愿意，孩子真的在慢慢长大，她有自己的私人空间，有自己的情感世界。在孩子成长的过程中早已播下了"个性、自我、平等"的种子。

情感式引导教育有一点很关键，那就是有的事情孩子不想让父母知道时，父母就没有必要刻意追问，更不能想方设法偷偷打听、窥视。父母应该从心里对孩子产生信任感，当孩子感觉到父母的坦荡之后，自然会受到感染，也会坦荡起来，从而以一个真实的自己出现在父母面前。因为他们相信父母会尊重自己，他们就会把自己的想法告诉父母。

每个孩子都是一个完整的人，他们有自己的隐私权。如果父母无意间发现了他们的秘密，千万不要虚张声势抖落孩子的隐私，而应该替他们保密。否则会让孩子觉得自己的自尊心受到了伤害，同时他们会对父母失去信任感。如果发现孩子有不良思想和举动，通过情感式教育加以引导，及时找他倾心沟通，才是最行之有效的方法。

现如今的父母对孩子有太多的横加干涉，孩子几乎没有什么秘密可言。我们不要成为那样的父母，而要允许孩子拥有他成长的秘密，虽然父母想知道孩子的想法和秘密，但是绝对不能用强硬的方式获取孩子的私密。

一个小女孩，她喜欢每个学期末都让同学在她的笔记本中留言。因此，里面少不了同学们无伤大雅的玩笑和有创意的幽默搞笑作品等。

爸爸看见书桌上的笔记本，随手拿起来翻看。正好被女孩看见了，她不同意爸爸翻看她的笔记本，当即拿走。妈妈见状更加好奇，趁她不注意，再一次拿起来翻看。女孩有些生气，拼力去夺。那愤然的眼神和动作很是让妈妈意外。

"她不愿意给我们看，那就算了。"一旁的爸爸劝说道。

"她的隐私我还不能知道吗？我是她的妈妈，我偏要看看。"妈妈觉得自己没有错。

许多父母总是认为，小孩子的东西，父母看一看又能怎么样呢，孩子跟父母没有必要保密。他们想要一个透明的孩子，他们为孩子有了自己的秘密而惴惴不安。事实上，孩子有秘密是很正常的。

没有秘密、从不走神、没有一丝迷惘和忧伤的青春，那这个孩子的童年岂不是一杯无味的白开水。所以，在孩子青春苏醒的时候，请让他们拥有自己的秘密。父母们要切记，当你窥探了孩子的隐私，想强行夺取他们的"秘密"，那你将会与孩子渐行渐远，这也是情感式引导教育的一大禁忌。

通过肢体接触，加强你与孩子之间的情感

英国的教育家斯宾塞说："事实证明，如果对自己的孩子多一些拥抱、抚摩，有时甚至是亲昵地拍打几下，孩子在对外交往以及智力、情感上都会更健康。"

情感式引导教育，有一点很重要，就是当父母的还能及时了解孩子的情感。孩子是敏感的，孩子会从父母日常的言行中感受到爱，感受到是否被重视，相反，也会感受到被伤害。在他受伤的时候、疲惫的时候、不自信的时候、需要被赞美的时候，一个温暖的眼神、一个轻轻的拥抱或许就是对他最好的鼓励和安抚。

孩子天生有着敏锐的感受力，但往往不太善于用语言来表达自己的情感，非语言沟通是一条更容易被孩子接受的沟通途径，也是情感式引导教育很重要的一环。那么，父母应该如何运用情感式引导教育，与孩子进行非语言沟通呢？

1. 让孩子感觉到你对他关切的眼神

眼神是极为常见的一种非语言行为，鼓励、赞许的眼神会给孩子以自信和激励；责备、轻视的眼神则会使孩子感到自卑和伤害。父母应给予孩子信任与期待的目光，让孩子感受到你们对他的期望，相信他可以做得更好。

有个叫张强的小学生曾在他的作文中写道：

星期天，在家玩儿时，我不小心打碎了花瓶。妈妈很认真地看着我说："儿子，花瓶碎了，你要负责，清扫一下地吧。"我忐忑不安的心一下踏实下来，内心意识到自己太不小心了，以后再也不犯这种错误了。妈妈的眼神中没有任何责备之意，我反而更愧疚……

时刻可以感受到父母及身边的人关注的目光，知道自己被期待，会激发孩子的上进心，他会努力做得更好以证明他值得被期待。

2. 拍拍后背，让孩子勇敢、自信地登台

钢琴家郎朗，少年时每一次演出之前，他心情都会紧张。每当轮到他演奏的时候，在他迈步之前，妈妈都会在他的后背拍一拍："儿子，看你的了。"每当这时，郎朗的内心就像注入了无穷的力量和激情，让他一下子充满了自信和勇气，于是，昂首挺胸地走上台去。他也用成绩向妈妈证明了自己是最棒的。

生活中，孩子会经历许多事情，比如考学、比赛、面试，或是站在舞台上，他会紧张、不安，会没有信心。作为男孩的父母，在这样的时刻，其实什么也不必说，只需走到他的身边，伸出手轻轻地拍拍他的后背，让他知道你相信他，并且始终如一地支持他，这足够了。

3. 多多对孩子报以微笑

孩子擅长观察父母的表情，以此来猜测父母的想法和态度。中国几千年来刻板的教育方式使中国的父母习惯了板着脸来对待孩子，似乎孩子做的总是错的。这就让孩子们不愿意主动与父母沟通，生怕招来父母的责骂。

公园里有一对母子，男孩不过五六岁的样子，跑到一群孩子里玩耍，这时大家看到男孩在打另一个女孩的头，双方的妈妈都急忙奔过去，女孩的妈妈很气愤地斥责了男孩几句，抱着自己的孩子走了。男孩的妈妈并没有斥责他，她把男孩拉到身边坐下，笑着问："能告诉妈妈为什么打小朋友吗？"男孩显然还在生气，妈妈一直微笑地看着他，耐心地等着他的回答。他噘着小嘴，好半天才委屈地说："我不是打她，她头上有只小蜜蜂，我想帮她赶走……"

从上面的事例可以看出，不妨对孩子多报以微笑，让他知道，你乐于与他沟通，并了解他内心真实的感受，那样孩子才会对你敞开心扉。让微笑荡漾在你和孩子的脸上，让孩子在微笑中得到肯定，在肯定中快乐、健康地成长。

4. 给孩子一个安慰的拥抱

拥抱孩子是一种良好的情感式沟通方式，在妈妈的怀抱里，孩子感到温暖和安全，那是一种天然的信任感。

拥抱是一种无声的语言，孩子可以通过身体的接触来了解妈妈的想法和感受，并满足自己的内心需要，从而达到有效的沟通，让孩子体会到安全、依赖和信任。正如德国教育家老卡尔·威特说："我认为，沟通是一种艺术，有关的时间、地点、环境和方式都要考虑到。比如孩子有时候希望在心理和情感上保留一些自己的空间或者说他感情波动很大，非常需要安慰，在这些时候，我会拥抱、抚摩儿子，传达给他沉默而温暖的信号。"

第二章

语气温和
情感式引导教育拒绝粗暴

打骂和体罚，只会让孩子惧怕你

在写这节之前，我们先来看一个案例：

冬冬这个孩子调皮好动，几乎每天都要惹一些麻烦，例如打架啊，打碎别人家玻璃之类的事情。每一次闯完祸，冬冬都免不了挨父亲的揍或训斥。刚开始时，打骂还有点儿效果，可时间长了，冬冬仍旧屡教不改，好像已经习惯了打骂，有时明知父亲会揍他，他也毫不在乎。

有一次，冬冬骂人了，当时在一旁的父亲听见后，一气之下就对冬冬说："如果你不承认错误，我就将你的腿打断！"儿子在父亲手持铁棍的情况下依然不肯承认错误，就这样两个人僵持了好久。父亲怎么可能打断孩子的腿呢，他只是随口说说吓唬冬冬而已。幸好邻居在双方僵持的时候来了，否则，父亲还真的下不来台！

现如今，依然有许多家庭在奉行"棍棒"式的教育，但遗憾的是，这样的结果总是适得其反。家长坚持这样做的原因居然是要孩子害怕自己。通俗地讲："我不信我打不怕你！"于是一次次的打骂变本加厉。他们总以为孩子打轻了，就不会学乖，以至于后来下手越来越狠，终至惨剧的发生。

滥用体罚的父母伤害的不仅仅是孩子的自尊，还有降低了他们在孩子心中的地位。"动不动就打"让孩子不想和父母亲近，亲子关系也因此产生隔膜。这是情感式引导教育最忌讳的一点。

父母采用简单粗暴的教育方法，孩子挨打时往往心中不服，并没有意识到是自己犯了错，只会怪罪父母不爱自己，很少会从自己身上找原因。这样，不仅教育的目的没有达到，还伤害了父母和孩子的感情。在粗暴教育下长大的孩子往往会继承家长的简单粗暴的教育方法，使悲剧在下一代重演，而且孩子的性格也会变得粗暴、蛮不讲理。

在现代化教育思想日趋普及的今天，用简单粗暴的方法来教育孩子是不科学的。棍棒式的教育方式只会损害孩子的心理健康，孩子会因为这样的教育方式而变得自私、冷酷，继而在心里埋下了仇恨的祸根。等孩子长大后，他们就会反抗，因为在他们看来，这就是世界对他们的不公。

这种毫不顾及孩子感受、缺少温情、简单粗暴的教育方式对孩子非常有害，容易造成孩子心理扭曲，对孩子的身心成长是非常不利的，由此带来的严重后果不堪设想。

情感式引导教育中有一点要记住——家庭是孩子的第一课堂。家庭教育方式的不同会造就不同性格的孩子。如果父母的教育方法简单粗暴，孩子的心理会因此产生巨大的压力。当这种心理压力积压已久而又得不到排解时，很容易造成孩子对父母的抵触情绪和逆反心理。

那么，很多家长要问，情感式引导教育是不是应该拒绝惩罚呢？其实，教育包括惩罚，缺少惩罚的教育是不负责任的教育。惩罚也要讲究方式方

法，方式不当则结果不同。"人非圣贤，孰能无过"，何况孩子？多发现孩子的优点，不是对孩子的缺点熟视无睹。只有赏罚分明，孩子才能树立正确的价值观和是非观。

孩子在生活或学习中难免犯错，不可避免地要受到惩罚。情感式引导教育是要父母学会合理的惩罚教育，让孩子能在教育中受益，能够更好地引导孩子成长。父母怎么样才能让惩罚的作用发挥到最大化呢？情感式引导教育在这方面有什么技巧呢？

父母应该牢记：惩罚孩子的目的是帮助他们改正错误，绝不能说一些过火的话，不能伤害孩子的人格。惩罚孩子也要尊重孩子，保护好孩子的自尊心。例如，不当众惩罚孩子，这样可以避免伤害孩子的自尊心；用恶毒的语言指责、谩骂孩子，这样的惩罚只能大大地伤害了孩子的自尊心，没有任何教育意义与教育效果。

惩罚的过程中也要加入肯定的元素。例如，孩子和别人打架了，家长可以这样教育孩子："开始时你是对的，因为你做到了骂不还口，但后来你先动手打人了就是你错了。"

家长们应尽可能用自己的行动来教育和引导孩子，这样往往会有很好的效果。

舒拉是苏联卫国战争的英雄。小时候，因为和别的孩子打架，他的新大衣被撕破了。母亲知道这件事情后，感到又气愤又心痛。但母亲没有训斥舒拉一句，只是默默地缝补着那件撕破的大衣。母亲的沉默，让舒拉的内心煎熬着，舒拉感到无比愧疚和自责。长大后的舒拉回忆说，那时他"经受着一种难以忍受的、痛苦的、心灵的鞭策"。舒拉的母亲用这样的"惩罚"方式达到了教育孩子的目的。

那晚，舒拉一直看着母亲，最后，舒拉哭着扑到妈妈怀里说："妈妈，我改，我从今以后绝对不再这样了。"舒拉后来再也没有和小伙伴发生过冲突。

父母批评孩子时可以义正词严，但是话中绝对不能带有讽刺、挖苦的字眼。兵法上说，不战而屈人之兵，为上上策。惩罚孩子，也要讲究方法，"心中有剑，口中无剑"是惩罚的最高境界。

惩罚孩子的过失是有必要的。那如何引导孩子改正错误呢？批评孩子的方式还有一种就是让孩子自己检讨。

著名作家马克·吐温有三个女儿，自孩子出生后，他们夫妇从没有骂过孩子一句，更没有打过孩子一巴掌。这个家庭始终保持着一种民主的家庭氛围。马克·吐温从不以长辈的身份自居，孩子们也没有受到过他的训斥。马克·吐温也绝不姑息迁就孩子的过失，他让孩子们认识到错误的原因所在，下次不再犯。

一次，马克·吐温计划带着女儿们到郊外度假，一家人乘坐马车去饱览美丽的田园风光，这是女儿们向往已久的事。

就在临行之前，妹妹克拉拉被大女儿苏西打了。马克·吐温制定的家规中有一条，孩子一旦犯错，就要受到相应的惩罚。犯错的孩子提出惩罚的方法，父母同意后就开始实施。苏西犹豫了好长时间才想出一个惩罚自己的方法，她对母亲说："今天我待在家里，这会让我牢记我所犯下的错误，绝对不会出现第二次。"

马克·吐温同意了苏西的自我惩罚方式。后来，他提及此事时说："我并没有让苏西做这件事，但苏西因为这个错误错过了一家人去旅游的机会，我为此感到十分难过——在26年后的今天。"

马克·吐温在家庭中制造了民主的家庭氛围,让尚未成年的女儿们对他已经充满了敬意。人是受精神支配的,孩子当然也不例外。如果孩子能自觉地、主动地去接受教育,自然能起到事半功倍的效果。

文学大师歌德在小时候有一段时间非常讨厌读书。他的父亲为此感到很头疼。因此,歌德经常受到父亲的责骂,也没少挨父亲的打。

歌德的父亲在一次偶然的机会下,遇见了著名人类学家福斯贝先生。福斯贝先生是一个擅长青少年教育的专家,歌德的父亲从他那里听来了很多名人受教育的故事,因此,歌德的父亲从中获益。回家之后,歌德的父亲一改往日的教育方式,对待歌德的态度也改变了。他讲了很多关于伟人受教育的故事给歌德,让歌德知道那些人从小就是爱读书的好孩子。

有一天,父亲正给一个朋友讲述关于流浪人的故事,他发现身旁的歌德后,于是故意提高了声音说道:"听说这个流浪人小时候也是不喜欢读书,贪玩,流浪人觉得不读书应该也能过上好生活。可是这个流浪人长大后才发现,什么也不懂也不会的他连养活自己都养活不了,最终,以乞讨度日。"

歌德被父亲的话摇醒了,他想,我可不愿意成为那样的人!次日,小歌德主动要求学习,学习的积极性比以前提高了很多。

自己教育自己的这种方式,更有利于孩子的自省和改正,孩子的身心能得到健康的成长。

值得注意的是,孩子作为受罚者,他们最厌恶父母翻旧账。可是很多父母却不了解这个道理,教训孩子时总忘不了东拉西扯,数落孩子以前的种种过错,有的甚至将孩子说得一无是处,直至忘记了本次教训的主题。孩子如果觉得自己一无是处，就会丧失改过的信心，更有甚者会选择"破罐破摔"。

在情感式引导教育中父母要铭记一点，惩罚孩子务必要一事一议，就事论事，不能翻老账。

面对孩子不知道的错误，批评要有分寸和尺度

情感式引导教育需要家长能多发现孩子的优点，但很多时候，一些家长总是看着孩子的缺点，抱怨孩子的不足，比如孩子的学习观、时间观和注意力分散等问题，家长们没有认真思考过症结是出在哪里，只会一味抱怨孩子不给自己争气。如果你懂情感式教育，懂得我们第一章所提到的能站在孩子的角度看问题，你会发现在孩子们身上出现的问题或者说他们所犯下的一些"错误"基本上都是来源于他们的"不知道"。

例如，他们因为不明白自己早点做完功课就能得到充足休息的时间，所以他们做功课的时候总是磨磨蹭蹭；他们因为不明白合作与爱的道理，所以他们不知道怎样表达自己的爱，怎样去和别人合作；他们因为不知道自己究竟有多大的能力，所以他们总是对自己没信心，对什么事情都是抱着害怕的态度；他们因为不明白孤独的可怕，所以总是不和别人接触，让自己慢慢变成一个孤独的人；他们因为不知道学习是为了什么，考大学是为了什么，所以他们埋怨自己的父母逼着自己读书；他们因为不知道世界很大，所以他们也不知道其实自己的选择有很多……

这些"不知道"把孩子局限了起来，孩子知道的往往是书本上那些死板的知识，不知道书本以外的世界更精彩。作为父母，除了让孩子学习书

本的知识，还应该让孩子知道真实的社会，知道外面的世界，知道为人应有的权利和应尽的义务。帮助孩子打开视野要在他们接受能力最好的时候进行，因为未来是由眼界所决定的。

在教育子女时，往往会出现这种状况：每天妈妈需要说无数遍孩子才会磨蹭着起床。妈妈不厌其烦地唠叨着："还不起床，你看看几点了，马上迟到了啊。我可不管你啊，看你迟到怎么和老师说。"妈妈的警告从未起到作用，她不想让孩子迟到受罚的愿望从来没实现过。孩子会悄悄地躲在被窝里说："反正有妈妈叫我。"所以赖床的习惯迟迟得不到改正。

到了晚上妈妈就又唠叨："你做功课的时候能不能认真点儿？我都帮你检查出这么多错的地方，你自己就不懂得仔细检查一下？"孩子偷偷笑了："我着什么急啊，反正有我妈呢？"

这些孩子对于考试也并不是很认真，于是家长表现出比孩子更在意考试成绩的态度，进而成了家长帮助孩子学习，以及替孩子着急学习。因为有人督促学习了，这些孩子的成绩一般不会很差，自然而然这些孩子也不会想到学习不好带来的后果。没有体会就不会知道哪些地方需要改进。

父母的这种行为，把原本该孩子自己做的事情做了，把他们该自己承担的责任承担了。所以，父母有时候有必要给孩子制造一点挫败感，因为要让孩子明白需要为自己的行为负责。孩子理解上的偏差就是因为做家长的比孩子本身更在意而形成的。只有让孩子经历了，他们才会有所认识。

在孩子成长的过程中，失败不应该是完全被避免的。从现在看，孩子经历失败是一件糟糕的事情；但从孩子的未来看，经历失败有助于他们的成长。所以父母要允许孩子失败，不要因外界的影响和攀比心理的干扰而否定你的孩子，你要给孩子成长的机会。

有时候让孩子学会对自己的决定负责，要比教他怎样做事重要得多。

明明的爸爸妈妈都是体育教练，在明明6岁以前，妈妈让他学了足球、唱歌、画画；6岁的时候，明明的父母让他开始学习乒乓球、钢琴；在他10岁的时候，他就通过搭乘各种交通工具游览了30多个城市；12岁以前，亲眼见证了全国各大田径和足球比赛，见证了运动员哥哥姐姐的开心和悲伤的瞬间。

明明的爸爸妈妈和其他家长一样，希望尽可能满足孩子的需要。6岁的时候，明明突然喜欢上了钢琴，在那个年代钢琴可是奢侈品，买一台钢琴大概需要5000块，而且不是光有钱就能买到，还要凭票才行。家里人想尽了办法都没能弄到一张钢琴券，于是明明的妈妈就给钢琴厂的厂长写了一封信。

第二年，明明终于拥有了自己的钢琴。可还没学一年，和很多小朋友一样，明明对钢琴的新鲜劲儿就过去了。按理说，学钢琴是明明提出来的，但妈妈对明明弹钢琴没有任何水平的要求。因为练琴占去了明明玩耍的时间，所以他不想再练钢琴了。他要赖、生气、闹脾气，想尽办法希望妈妈能够和其他家长一样对他嚷，那么他就可以理直气壮地反驳说"我要做我自己"，不要成为满足他们虚荣心的工具。

然而，妈妈从未对明明说过"家长为你付出多少"这类的话，她只是对明明说："明明，以后的路还要靠你自己走，我们能做的只是给你创造机会，你必须为你的行为负责。"因为妈妈一直都没有被激怒，明明也就因为从小坚持练习钢琴而理解了什么是选择和责任。

现在很多父母为了孩子们没有珍惜身边的机会而万分着急，他们甚至采取很多过激的行为，但我们不得不佩服明明的父母，在辛苦地为孩子提供了各种机会后还能超脱地置身事外，这其实是很不容易做到的，正是这种不容易让他们教会了孩子什么是选择和责任。

作为父母，要帮助和引导孩子去了解一个人应有的权利和应尽的义务，一个人应该做些什么，不应该做些什么。只有了解了这些，才能知道什么是自己的目标，才能激发出对目标追求的动力。

永远不要骂孩子"笨蛋"，这个词会深深地刺痛孩子

生活中，有些父母特别迷信智商，动不动就抱怨孩子脑子笨。比如，孩子有一道题不会做，父母可能说："你看看，真是笨蛋，这么简单的题目都不会。"还有一些话如："你就是烂泥巴糊不上墙，我对你没什么指望。""你真是笨得像一头猪。"这些话都会被孩子牢牢地记在心里。当他们失败的时候，他们会想："我真的很笨呀！""唉，我还真是没用！"长此以往，孩子的自信心和自尊心会被消磨殆尽。

另外，父母抱怨孩子笨，对孩子的自尊心也是一种伤害。很多时候，一些父母没有意识到这点，还经常在大庭广众之下，在其他家长面前这样抱怨孩子。如果这时候你注意一下孩子的表情，相信那定是充满失落的，如果孩子嬉皮笑脸，那说明他们对父母这样的抱怨已经习惯了。

扬扬从学校回来，妈妈问他考了多少分。

扬扬从书包里掏出试卷，妈妈一看说："60分？才考这么一点，真是笨蛋！"

妈妈接着说:"想当年爸爸妈妈都很聪明,考试从来没有低于90分,你怎么就这么笨呢?"

生活中,很多父母喜欢这样抱怨孩子。这些话会打击孩子的自信心,给孩子增加失落感,也会让孩子认为自己真的很笨。当他们考试成绩糟糕的时候,他们会认为那是理所当然的,"爸爸妈妈说我很笨,说我不是读书的料。"于是,他们就随波逐流,说我是什么我就是什么,反正我已经这么笨了,干脆笨到底算了。

这并非危言耸听,事情就是这样,如果父母总是给孩子戴上"笨"的帽子,无形之中孩子就会做出与之相符的行为。尽管父母对孩子的评价并不一定准确、合理,有时甚至是完全错误的,但长期这么说,孩子很可能真的逐渐地成为笨蛋的真实写照。这种话语对年幼的孩子危害最大。

社会心理学认为,每个人的自我形象,在一定程度上都取决于他人对自己的评价,即通过"别人如何看我"的方式形成的。一旦塑造成孩子的自我形象,孩子会受到形象的制约和约束。"说孩子笨,孩子就越笨"的心理就是这么产生的。

孩子没有好成绩并不能代表孩子智商低或是将来没有出息。斯坦丁博士曾对733位百万富翁做过调查,从他们成功的案例中提取出最多的30项,没想到"学习成绩"因素居然排在最末。

9岁的爱因斯坦还说不清楚话,不仅成绩平平、动作缓慢,而且大家都不喜欢他,他像是独自活在自己的世界里一样。父亲总是拿一个罗盘给这个显得极为平静的儿子解闷。正是这个罗盘,激起了这位科学界巨匠的崛起,爱因斯坦因此产生的好奇心,让他在科学领域做出了巨大的贡献。

爱因斯坦的父母就很懂得情感式引导教育。相信如果没有父母的肯定和培养，爱因斯坦或许不会在科学领域做出如此巨大的成就。如今，有些孩子可能在学校或考试中的表现并不出色，但他们或许在其他方面有过人的才能，只要父母相信孩子，肯定孩子，而不是抱怨孩子脑子笨，孩子就有可能将自己的潜能发挥出来。

对孩子进行情感式引导教育，需要父母们对孩子少一些谩骂和抱怨，若是能试着将抱怨孩子的话换作肯定孩子的话，给孩子恰当的期望和赏识，相信孩子一定会变得更优秀。

听不听话，不是衡量孩子好坏的标准

所谓"淘气"，多是形容那些"不听话"的孩子。他们爱惹是生非，爱给家长添麻烦，让人很头疼。家长再三劝告、批评，效果仍然不好。这样的孩子，就会给人笼统地归结为"淘气"。淘气的孩子常常让家长感到头疼："他一会儿也闲不住，跑到这儿又跑到那。""他天天和我们唱反调儿。""他们搞得恶作剧真能把人气疯了。"……

与"淘气"的孩子相对应的，就是所谓"听话"的孩子了。家长常常把"听不听话"作为衡量孩子的标准。表面上看这是家长要求孩子对自己的态度问题，实际上长此以往下来，孩子就养成了"顺从"的性格，没有独立的性格。然而，家长根本就没有意识到这样只能助长孩子的依赖性，孩子凡事都听命于家长和老师，一点独立思维，一点独立做事的能力都没有，长大后这样的孩子如何立足于社会？更谈不上对社会有所贡献了。

一次家长会上，老师提了一个问题："认为自己孩子不听话的，请举手。"

大多数家长举起来手。其中有几位家长好像认为这是多么让人尴尬的事情，他们都低着头。

"为你们有个不听话的孩子感到高兴！"老师大声地说道。

听到这话，那些举手的家长一脸困惑的表情。

"听话就是按父母的话去做。"老师接着说。

在场的家长都点了点头。

老师又问："如果做人最成功是100分的话，你们给自己评多少分？"

大部分家长认为在70～80分。

老师又问："想不想让你们的孩子有个更精彩的人生？"

家长们齐刷刷地说道："那必须想啊！"

老师说："听家长话的孩子就是再复制别人的人生，谈不上超越。他们这样最多只有70分的表现，还谈什么冠军。"

听完这话，家长们都低下了头。

道理就是这么简单！

淘气只能说明孩子拥有好动和求知欲望强烈的性格。但在大多数家长看来，这样的孩子让人十分头痛。殊不知，孩子过于听话就会丧失自己的独立思考能力，家长也因此忽略了培养孩子其他潜能的想法。

现实生活中，大多数父母都喜欢"听话"的孩子，他们认为这样的孩子将来一定能有所作为。但实际上听话的孩子独立性差，创新能力远远低于其他同龄人。

没有哪个孩子是不淘气的，只是淘气的程度不同而已。孩子不听话、淘气的举动正是聪明的表现，因此家长必须要跳出"听话教育"这个束缚思想的误区。大多家长希望自己的孩子能有些创造性，但当孩子真的表现

出一些不同于别的孩子的特质来，父母就又开始担心了。不听话就是这种特质的表现之一。其实"不听话"也是有其存在的道理的。因为这样的好奇心正是创造的种子，应该倍加珍惜、培育和赏识。对于孩子的淘气行为，家长要有宽容、理解的心。

对于孩子的错误，有时可以用故事来教育

有时候孩子犯了错，父母如果直接指出，并责令其改正，效果往往不是很好，如果换一种方式，用情感式引导教育孩子，孩子可能更容易意识到自己的错误。

用情感式引导教育孩子认识到错误的方式有很多，故事教育法就是其中的一种。对于大人来说，运用这种方式教育孩子是简单轻松的，他们只需将孩子身上出现的错误用故事的形式再现，无须责备、生气，孩子会自行领悟。而对于孩子来说，这种方式新鲜有趣，也是他们比较愿意接受的。

故事教育法的作用多种多样，首先它可以用摆事实、讲道理的方式激励孩子。有时候，父母在孩子身上发现一些问题，但由于这些问题并非具体化的，无法用一两句话解释清楚的时候，这是不妨用相同类型的故事或例子比喻，使孩子受到教育。

上小学的吴洋最近有些没精打采，干什么事情都提不起精神来。爸爸问他发生了什么事，他总说没什么，就是觉得自己太笨，不想学习。于是爸爸问吴洋："你知道科学家牛顿吗？"吴洋说："当然知道。"爸爸说："别看牛顿是一名伟大的科学家，可他小的时候学习成绩也不怎么好。我来给你讲讲他的故事吧。"吴洋一听爸爸要讲故事，就认真听了起来。

爸爸说："牛顿小时候出生在乡村，后来去城里念书。但因为那时候他学习成绩不好，所以在同学之中很不受欢迎，尤其受到一个成绩优秀的孩子的歧视。一天，这个学习好的孩子故意找茬将牛顿打倒在地。虽然平时牛顿总是忍让，可这次不一样了。这一打，似乎把牛顿的斗志激发了出来，他就想：'你凭什么打我，是因为你成绩比我好，还是身体比我强壮？我可不能再被别人小瞧了，这次一定要赢了你。'于是他站起来就和那个孩子扭打在一起，最终那个孩子被牛顿逼到墙角动弹不得，牛顿赢得了胜利。从那以后同学们都知道牛顿是个勇敢的孩子，没有人敢再欺负他。而牛顿自己呢？通过那次打架事件，似乎明白了一个道理，那就是人只要有勇气，不认输，敢拼搏，就一定能成功。后来他每天刻苦学习，发愤图强，遇到困难也不肯放弃，最终功夫不负有心人，他取得了全班第一的好成绩。"

吴洋听完故事，似乎意识到自己也和之前那个被人欺负的小牛顿一样，不是自己不行，只是还没有拿出勇气和拼搏精神。此后他不再没精打采，而是认真学习，虽然学习成绩没有像牛顿那样名列前茅，但也取得了不小的进步，还获得了老师颁发的特殊进步奖。

其次，故事教育法可以启迪孩子的心智，让孩子通过一些富有哲理的故事，改变自己的坏脾气和不良个性。人们常说：当局者迷，旁观者清。孩子作为当局者，自然对自己的脾气和个性充满着迷茫和不解。作为旁观者的父母，虽然清楚地知道孩子的问题所在，但有时直接讲出来会伤害孩子的自尊。如果用富有哲理的故事间接表达某种意图，既诙谐幽默又委婉动听，孩子在感觉风趣的同时能不知不觉地领悟到其中的寓意。

可可从小聪明伶俐，自从他上了小学，不仅学习成绩名列前茅屡屡受到学校表彰，在特长方面也优异于其他同学。他画的国画经常被贴在学校

的展示栏里，被来往的家长和学生参观。他还会跳舞、唱歌、拉小提琴，经常被老师选为班级代表参加学校的文艺演出，还收获了不少奖杯和奖状。在老师面前，他是个优秀的学生，在同学面前，他是个值得学习的榜样，所以，可可不免有些骄傲自满，开始飘飘然起来。爸爸发现了儿子的问题，想找机会教育他一下。

一天，爸爸带可可到公园散步，两人坐在绿油油的草坪上，望着蓝天，感觉无比轻松惬意。这时候爸爸说："可可，爸爸你讲个故事吧，这个故事很有意思。"可可迫不及待地想听故事，于是爸爸开口讲道："这个故事的名字叫'空杯的心态'。一天，一名大学教授给他的学生上课，他先拿起一个透明的杯子，用一些大石子将杯子装满，接着问学生：'你们看杯子装满了吗？'学生看到杯子确实被大石子填得满满当当的，于是回答说：'装满了。'教授没有说话，接着又拿出一些小石子往子里放，这些小石子很快就填补了大石子留下的空隙。这时，教授又问：'杯子满了吗？'学生们看到杯子已经被大小石子装满，于是回答：'满了。'"

可可开始没明白爸爸讲这个故事的用意，只觉得很有意思，就问爸爸："爸爸，到底满了吗？"爸爸说："我再接着给你往下讲，一会儿你就知道这个杯子满没满了。

"教授还是没有说话，他又拿出一些细小的泥沙往杯子里放，用来填补小石子留下的空隙，接着又往杯子里灌了半杯水，又问同学说：'这次杯子满了吗？'这回，同学们不敢随便回答，而是个个睁大了眼睛认真观察，等他们确定杯子已经被塞得满满当当，确实没有一点空隙了，便回答说：'满了。'这次教授依然不动声色，他又拿出一把盐撒进了被装得满满的杯子里，再次问道：'同学们，杯子装满了吗？'这次，再也没有学生敢轻易回答了，因为他们也开始觉得这个杯子不是那么容易装满的。"

爸爸问可可："这次，你认为这个杯子装满了吗？"可可思考了一下说："哎呀，爸爸，这我可说不好！要是这么看的话，这个杯子是装满了。"可可停顿了几秒钟又说道："可是，每次那些学生说装满的时候，教授都能再往里边倒些东西，他太神奇了，所以我就猜没有装满吧。"爸爸说："嗯，可可猜对了，这个杯子没有装满。不过这不是因为教授神奇，而是人心很神奇。人的心态就好像这个杯子一样，只要一直认为它是空杯，就能不断容纳和吸收东西。也就是说，我们只有心胸宽广，不骄傲不自满，才能接纳和包容这个世界，才能学到更多对我们有益的知识。"

通过这个故事可可明白，人要是骄傲自满就会停止进步，只有谦虚谨慎，才能不断进步。此后他渐渐改掉了骄傲的毛病。

懂情感式引导教育的父母，在发现孩子错误的时候，不会指责，也不会生搬硬套讲一堆大道理，而是会给他们讲述一个意义深刻的故事。通常来说，故事简单易懂，情节具有推动性和发展性，容易引人入胜。当孩子听完故事，会不由得与自己对比，并渐渐完善自己的不足之处。

第三章

赞美不贬低
把话说到孩子心底去

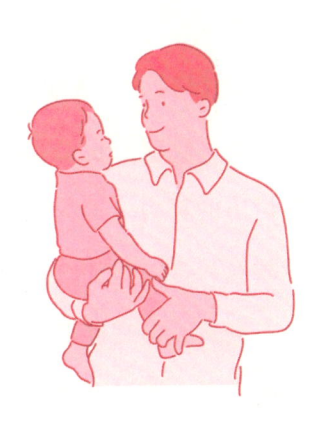

对于孩子的付出，给予积极的肯定

如果你的孩子为了一道数学题，冥思苦想了一上午才终于找到解答方法，但他在计算的时候，因为粗心大意，点错了小数点，导致整个结果是错误的，这时作为家长，你会怎么办？是去赞扬孩子不畏艰难找到问题的解答方式，还是抱怨孩子不够细心得到了错误的结果呢？

毫无疑问，大多数家长的第一反应一定是批评孩子算错，而不是去关注他们在解题的过程中所付出的努力。因为家长总是希望孩子是尽善尽美的。要明白情感式引导教育，这时候就应该转换角度思考，有时孩子表现出的结果虽然不太令人满意，但在此期间付出的努力是真实且宝贵的。尽管努力不一定有好的结果，不过要想获得好的结果，缺少努力是万万不能的。

孩子的努力，家长应该尊重，并及时给予鼓励与赞美。因为父母的赞美对于孩子来说至关重要，它会让孩子变得更加自信，更加努力。若孩子的努力没有得到父母的认可，他就容易变得灰心丧气，怀疑自己的能力，甚至自暴自弃。

依依在班上学习刻苦认真，虽然她的成绩不算优秀，但也属于进步快速的那一类。依依经常把课上没有听懂的知识记录在笔记本上，等到下课的时候再问老师。平时作业中出现难以理解的题目，也会记录下来，等到第二天寻求老师的帮助。为了让自己深入理解，每当听了老师的见解，她还要按照新的方法重新做一遍，因此学习成绩有了飞快地提高。

依依的老师为拥有这样一名勤奋努力的孩子而感到骄傲，还经常拿她当作全班学生的榜样。但是老师不知道，依依虽然表面上看起来乐观开朗，她内心却经常彷徨沮丧。为什么会这样呢？因为依依的妈妈经常忽视她的进步。每当依依认为这次考试比上次进步了不少，拿成绩单给妈妈看的时候，妈妈不但不会鼓励她，反而会说："你付出那么多的努力，却始终没有冲到班上前几名，有什么可高兴的？"依依听了心里很难过，认为自己付出再多努力也得不到妈妈的夸赞，这些努力都是白费。老师得知依依的情况后与她的妈妈做了简单的交流，将依依这段时间的成绩变化反馈给她妈妈，并建议依依的妈妈改变态度，珍惜孩子的努力，并给予赞美。依依的妈妈也意识到自己的做法不妥，于是向依依道歉，并肯定了依依的努力。

此后依依学习又有了巨大的动力，变得更加勤奋努力了。

父母是孩子的精神支柱，是孩子最坚强的后盾。如果父母能够肯定与赞美孩子，就会给予孩子更强大的动力。这也是父母学习情感式引导沟通时需要谨记的一点。一个人的力量是无穷尽的，孩子也不例外。父母只有欣赏和赞美孩子的努力，才能将孩子最大的潜力激发出来。

结果并非是评价孩子的唯一标准，获得结果之前所付出的努力才至关重要。孩子在努力的过程中，需要去解决各种问题，排除各种干扰。遇到复杂的问题，若没有一个沉着冷静的心态，就无法坚持到找出解决问题的

最佳方法。由此看来，良好的心态才是孩子制胜的法宝，而父母关注到这一点并给予赞美，会激励孩子向更好的结果迈进。

王琳是一位善于肯定孩子努力的妈妈，只要孩子妞妞全心全意地做一件事，不管结果怎样，她都会夸赞孩子。

王琳和孩子说："妞妞，你可以帮妈妈一起浇花吗？我们一起看着花朵在我们共同的努力下成长。"

"好啊，好啊！"妞妞满心欢心地答应了。

于是，王琳给了妞妞浇花的水桶，和妞妞一起开始浇花。妞妞还小，浇花时水总是会洒到外面，王琳没有因此而失去耐心，或者斥责妞妞让她小心点，而是一再地鼓励妞妞，说道："妞妞真棒，都能帮妈妈浇花了，相信花朵看到妞妞这么爱惜它们，给它们浇水后，也会努力认真地成长，开漂亮的花朵。"

妞妞听到妈妈的话后，高兴地说道："它们真的会认真地成长，开出漂亮的花朵吗？"

妈妈点点头，说道："妞妞每天都这么细心照顾它们，给它们浇水的话，一定会开出漂亮的花朵。"

妞妞听后更是干劲十足，和妈妈保证，以后一定天天认真浇花，看着它们成长。

父母是孩子最亲近的人，更容易与孩子亲密无间。情感式引导教育，就要告诉父母们，看到孩子对一件事情拼尽全力，更应该赞美孩子的刻苦努力，千万不要因为孩子成绩不好便说孩子不聪明。孩子有天赋却不努力，才更值得父母关注。

每个孩子都希望得到父母的关注与赞美，希望讨得父母的欢心，而父母也要善于欣赏孩子，赞美孩子的勤奋与努力，并给予孩子肯定，这样孩子与父母的关系才会更加融洽，父母才能成为孩子最好的"玩具"。

赞美要具体，不能说的太宽泛

很多父母在看了前面的章节后，也明白了情感式引导教育中赞美的重要性，但在引用方面却只会对孩子说"你做得真棒""你真是个好孩子""你表现得太好了"。父母以为这样夸赞孩子，孩子会感受到父母的认可，继而表现得更好。实际情况是，这种称赞说一次两次，确实能激励孩子，提高孩子的积极性，但说得多了不仅起不到好作用，反而让孩子感到倦怠。

有一位妈妈学习到情感式引导教育后，经常赞美自己的孩子。当孩子扫地的时候，她会说："你真棒。"当孩子把吃完饭的小碗送到厨房，她会说："你做得太好了。"当孩子看书认真的时候，她也会说："你真棒，做得真不错。"开始她发现孩子听到这样的赞扬，做起事来更认真，但是当她说的次数多了，孩子做什么事情都好像没有了兴趣。

这位妈妈很不解，于是到亲子教育专家那里咨询。教育专家问这位妈妈："孩子每次扫地，你都这样夸奖他吗？"妈妈说："是啊，都是这样夸奖的，我想不出更好的词来夸奖他了。我想只要他有扫地的这份心，我就很高兴，所以每次都是这样夸奖他。"教育专家听后明白问题出在什么地方了。父母如果总是笼统含糊地表扬孩子，孩子只知道自己做得不错，却不知道哪里不错，因此在开始时，听到这样的表扬很高兴，久而久之就觉得没有什么新意，把赞扬不当回事了，本来应该做得更好的事情也变得兴致不高了。父母就某件事情具体夸奖孩子，效果才能长久。例如看到孩

子扫地，可以夸奖他"帮妈妈扫地真棒""你看你把这里扫得真干净""这里的垃圾都被你扫走了"等。这位妈妈这才明白，原来夸赞孩子也有技巧。

父母在赞美孩子的时候，如果不能好好把握赞美的技巧，就会大大影响了赞美的效果。对于孩子来说，表扬越具体越好，这样孩子才能知道自己哪些地方做得好，哪些地方做得不够，便于自我调整。如果父母总是用"你真棒""你真好""真是妈妈的好孩子"这种笼统又毫无特色的语言赞美孩子，孩子就会对自己行为的好坏越来越迷茫，很难找到努力的方向，继而感到倦怠。对孩子的具体优点和行为给予最具体最细致的肯定，这样才能提高孩子的自信心。如果你说"你真聪明"，不如用"字写得整齐"或"唐诗背得很好"来代替，让孩子真正明白自己好在哪里。

母亲节那天，球球送给妈妈一份特别的礼物，那是他亲手制作的一张贺卡。一张白色的硬纸板的两面，画满了球球喜欢的小花、小草、房子，还有一个大大的红太阳，旁边还写着一句话："妈妈我爱你！"并用好几颗红心点缀着。妈妈看到球球用心制作的贺卡后十分感动，便对球球说："孩子，你的想象力真丰富，你画的花朵每一个花瓣都那么分明；画的太阳很圆很大，让我感到温暖；你在旁边写的话语，字迹很工整，让我很感动。这是我收到的最美丽的贺卡。"球球听到妈妈的赞美，脸上露出自豪的笑容。从那以后做什么事情都积极认真，除了学习主动，还把自己的房间收拾得干干净净，很少让妈妈操心。

当孩子表现好的时候，父母应该及时给予孩子回应，让孩子知道自己哪里做得好。父母具体的赞美，如同一缕阳光洒入孩子内心，能让孩子感受到父母对他们的欣赏。

给予孩子明确的赞美是最简单、最有效的亲子教育方式之一。父母应改变自己的想法与态度，尽量把赞美的语言说得具体贴切，尽量减少使用"你真棒""你做得不错"等宽泛的话语，多跟孩子说说他具体做得不错的地方。

赞美不能敷衍，需要父母拿出真诚来对待

孩子有时做了一件让自己特别开心的事情，希望得到父母的赞美，但父母可能都没听清孩子说的是什么事情，就不假思索脱口而出："嗯，不错。""还可以。""做得挺好的。"说者无心，听者有意，这种敷

衍的赞美之词，会让孩子感觉父母并非真心赞美自己，不过是在应付差事罢了，于是孩子感到扫兴，挫伤自信，甚至丧失了想要与你分享喜悦的心情。

父母敷衍地赞美孩子出于两种原因：

一种是父母正在忙着手头的事，分身乏术，本身就心情烦躁，这时孩子突然冒出来，向父母讲述自己的高兴事，父母没有耐心和时间，便随便夸奖孩子一句，好让孩子赶快离开，别打扰自己做事。

周六，李菲和朋友正在探讨一本摄影作品，李菲的女儿妮妮兴高采烈地跑了过来叫了声妈妈。看妮妮的神情，好像有什么事情要告诉妈妈。妈妈没有立即回应，过了一会儿才抬头"嗯"了一声。妮妮见妈妈有了反应，赶快跟她说："妈妈，老师这次选我代表全班在学校文艺汇报演出上表演节目。"李菲笑着说："很好啊。"又立即沉浸在摄影作品中，好像并未听清孩子说什么。妮妮继续说："妈妈，你知道吗，这次代表全班汇报表演的名额只有一个，而我们班有20多个人竞选。因为我表现得最好，所以老师把这个名额给了我。"李菲的眼睛仍然放在摄影册上，只是嘴上说道："妮妮还真不错呢。"这时，妮妮感觉到妈妈根本没有听她说话，注意力全在摄影册上，妈妈刚才的话是在敷衍她。

妮妮刚才喜悦的神情立即消失了，脸上变得黯淡无光，嘬着小嘴转身进了自己的房间。朋友看出了妮妮的心事，赶忙对李菲说："孩子有好消息想要与你分享，希望得到你的夸赞，你怎么能敷衍她呢？这样的态度是不对的。"李菲不解地问朋友："我不是夸赞她了吗？说她做得不错啊。再说我也很忙，难道夸上一两句还不够吗？"朋友说："夸赞孩子不能只看数量，而要真心。如果你说很多句，都是虚情假意敷衍孩子，孩子会感到失望。而你如果真心赞美孩子，哪怕只有一句，孩子也会记在心里。所以夸赞孩子，一定要真诚。"

李菲听了朋友的话，顿时醒悟，赶忙到妮妮的房间跟女儿道歉。

父母如果有事情要做，可以先跟孩子解释清楚。如果事情不是非常紧急，先往后放一放，认真对待孩子的事情。孩子不会打扰你很久，当他听到你真心的夸赞，感受到满足和自豪后，做什么事情都会更有动力。如果你因为忙着手中的事情而忽略了对孩子的关注，与其敷衍赞美，不如不赞美。

另一种是孩子所做的自认为满意的事情，在父母心中并没有达到令人喜悦的程度，或是孩子做的事情没有达到父母心中预期的效果，但为了不打击孩子的积极性，就表达了言不由衷的赞美。

雯雯上音乐课的时候总是东张西望，要不就是跟后边的小朋友交头接耳。妈妈说了她两次，她都没有改正，直到音乐老师走过来给雯雯调换了座位，这时妈妈的脸色已经很难看了，但她坚持等到雯雯下课。

接下来，老师要点名，让小朋友们用弹琴的方式回答"到"。老师先教授一遍，然后让学生尝试。雯雯听老师讲课时总是三心二意，直到老师走到她身边，示意她演示，她才集中精力。虽然雯雯没有认真听课，但弹奏得还算不错，老师为此给她贴了一朵小红花以示鼓励。

雯雯十分开心，想把这种喜悦之情与妈妈一起分享。她转过身来问妈妈："妈妈，我是不是弹得很好？"妈妈回想雯雯上课不认真听讲的种种情形，很是生气，本想教训雯雯一番，但想到雯雯接下来还要上课，时间不充裕，还是等下课了再好好说教，于是敷衍地说道："挺好。"因为妈

妈说话的时候，神情黯淡，并未表现出愉悦与欣赏，并且称赞的语气与平时截然不同，雯雯顿时收起了笑容，说："妈妈，原来你都不相信我。"雯雯的妈妈十分震惊，她没想到孩子小小年纪能说出这种话来，此时她感觉任何解释都显得那么苍白无力。

孩子的心思很细腻、很敏感，父母的赞美是发自真心还是虚情假意，孩子心里清清楚楚。若父母真的相信自己的孩子，一定要心口一致，要是认为孩子做得还不够好，就要给予实际建议，这比虚伪的夸奖让孩子舒服。如果父母敷衍了事，孩子不能从赞美中感受到父母的真诚，就会对跟父母说话感到厌恶，继而对父母失去信心。

父母总是希望孩子有自信、有能力，于是以赞美的形式来激励他们，但赞美是一门大学问，运用不当，就会背离初衷。当孩子完成一件事情，或是取得了小小的进步，或是受到老师和同学的夸奖想要与父母分享喜悦的时候，父母一定要发自内心地夸奖孩子，让孩子感受到父母的真心实意，这样他们才能更加自信勇敢地前进。

赞美要适当，切不可过度为之

通过对情感式引导教育的了解，我们明白了赞美可以让孩子感到愉悦、自信，找到安全感，赞美也能让孩子增强勇气，变得积极向上。赞美是情感式引导教育中很有效的一种方式。

父母出于激励的目的，往往会赞美孩子，让孩子的行为和身心向着更好的方向发展。但是俗话说："水满则溢，月盈则亏。"赞美孩子也要把握一定的度，赞美适度，效果是积极的；赞美过度了，可能会起到反作用。

德国教育家卡尔·威特说："我们不能让孩子在受责备的环境中成长，但也不能让他整天泡在赞美里。"责备过多对孩子不好，但赞美过多，对孩子也不好。父母经常赞美孩子，就会让孩子对赞美有依赖心理，如果日后遭受批评，孩子就会觉得父母不再关心他，不再重视他，于是产生抵触和逆反心理。

大宝吵着要转学，说再也不想去现在的学校了。妈妈好说歹说，大宝就是不干，还在沙发上大吵大闹，要不就躺在地上，嘴里还不停地说："我就是要转学，就是要转学！"妈妈不解地问："大宝，这个学校很好啊，你也很优秀，老师和同学都喜欢你，为什么不愿意在这里上呢？"大宝回答："我这次考试成绩太差，我再也不优秀了，老师和同学再也不会喜欢我了。"妈妈很难过，觉得大宝经不起风浪，不就一次考试失利吗，至于这么小题大做吗？但现在，她一筹莫展、无计可施，于是去寻求亲子教育专家的帮助。教育专家通过和大宝交谈，找到了问题所在。原来大宝的妈妈太喜欢赞美大宝了。每当大宝做作业，妈妈就会说大宝写得真好；大宝做手工，妈妈说做得真不错，比她做得都好；大宝帮妈妈干活，妈妈也会说大宝好勤劳啊；大宝考了好成绩，妈妈就会说大宝真聪明，以后一定能考上重点大学。

长此以往，大宝就对妈妈的赞美习以为常，也以为自己是最勤劳、最聪明、最受人喜欢的孩子；但当他一次没有考出好成绩，心中的真我和父母口中他的公众形象形成巨大反差，就会有心理落差，认为自己不是聪明的孩子，于是就出现了各种不受父母控制的行为。

父母赞美自己的孩子无可厚非，但赞美过度则值得反思。过量的赞美会显得不切实际，给孩子造成一种假象，不但不利于孩子正确认识自

己，还会影响他对事情的判断。赞美一定要适度，过度夸奖孩子的词语要少用，不然孩子对自己的认识和评价就会产生偏差，对其进步和成长造成消极影响。

一个人生病要吃药或是打针，但药剂或针剂使用过量，同样会对身体造成伤害。过度赞美如同给孩子的精神随意用药，药效过强，让孩子对药剂产生戒备心理，再次下咽就变得很难。只有用药适量，才能让孩子身心正常发展。

晓峰从小就喜欢画画，而他画的画确实不错，因此常得到父母的夸奖。除了父母以外，每当有客人到晓峰家做客，看了他的画也都会竖起大拇指称赞几句。这样一来，晓峰对别人的夸奖习以为常，不免会心生骄傲。

妈妈为此感到担忧，她跟晓峰的爸爸说："孩子画得确实不错，但是我们也要适度赞美孩子才行，不然他会看不到自己的缺点。"晓峰的爸爸很认同晓峰妈妈的意见。

一天，晓峰画了一幅新作品，拿给妈妈看，晓峰说："大家都说我是绘画天才，妈妈你看，我这幅画是不是很棒。"妈妈回答说："晓峰，你画得确实很不错，看来你在绘画方面下了不少功夫。"晓峰听到妈妈的赞美，立即把他的新作品贴到墙上，准备让所有来家里做客的人欣赏一番。晓峰接着问："妈妈，我是不是很厉害？"妈妈说："晓峰，虽然你画得不错，但还是有不足的地方，例如这个颜色有些深了，换浅一些的会好。这棵小树显得很突兀，和周围景色不和谐。你自己好好看，是不是值得改进？"晓峰认真一看，发现妈妈说的问题确实存在，于是不好意思地对妈妈说："妈妈，你说得没错，我还需要继续努力。"爸爸听到了，赶紧鼓励晓峰说："一个人能力再高，也能找到比他更厉害的人，因此，发现了自己的不足之处，一定要努力改变，这样才能做得更好。"晓峰说："爸爸妈妈，我知道了，我一定会努力，争取越画越好。"

孩子有自己的判断能力，也能分辨赞美之词的真伪。如果别人真心对他们提出指导意见，而不是一味夸赞，即使不那么顺耳，他们也乐意接受。过度赞美无法长久维护孩子的良好心态，只有把握好夸奖的度，用心引导，孩子们的心态才能在正常的轨道上行进。

时刻注意孩子，发现他们身上的"闪光点"

美国成功学大师和励志书籍作家拿破仑·希尔说："每个孩子都有许多优点，父母却总是盯着孩子的缺点，认为只有管好孩子的缺点，才能让孩子更好地成长，其实这样做就像蹩脚的工匠，是不可能造出完美的瓷器的。"

每个孩子在有缺点的同时必然拥有优点，很多父母将关注点放到孩子的不良行为上，却忽视了孩子的闪光点。了解情感式引导教育，要先明白孩子的心灵是脆弱的，需要父母的呵护与关怀，而父母关怀孩子的最好方式则是对他的肯定和赞美。如果父母只盯着孩子的缺点不放，不但徒劳无功，还会伤害孩子幼小的心灵。反之，若将注意力放到孩子的闪光点上，孩子便会从父母的夸奖中获得能量，在不知不觉中变得更优秀。

宇航是班上最让老师头疼的孩子，他每天不是推这个一下，就是碰那个一下；不是把花花画的拼图抢走，就是把君君刚堆起来的积木碰倒。从早到晚老师听到的全是小朋友们针对宇航告状的声音。老师把各种方法都

用了一遍，但还是无法教育好宇航，只好把这个爱惹事的孩子放在一边，对他不理不睬。

班上来了一个新同学萱萱。萱萱刚到一个陌生的环境，很不适应，总是哭鼻子。宇航见状，就走过去坐到萱萱的身边给她擦眼泪。如果萱萱哭得厉害，他就轻轻拍拍她安慰道："别哭了萱萱。"上周四不知什么原因，萱萱突然哭了起来，宇航赶快告诉老师："老师，萱萱又哭了，我去给她拿纸擦眼泪。"边说边给她擦，嘴里还说着："萱萱别哭啊，萱萱乖，我给你拿玩具，给你吃好吃的。"宇航不停地在萱萱旁边"说好话"，萱萱情绪似乎好了很多，后来破涕为笑，跟宇航玩了起来。

到了吃饭的时候，萱萱想妈妈了，又轻声哭了起来。宇航吃完碗里的饭后，看到萱萱一口没动，马上搬椅子过来坐到萱萱身边给她喂饭。虽然宇航年龄跟萱萱相差无几，此时俨然小哥哥一样呵护着她。尽管宇航在给萱萱喂饭时把米粒撒得到处都是，但老师看到这一幕时，还是被感动了。老师发现每个孩子身上都有闪光点，不能因为孩子的某个缺点就否定他的全部，而应该尽力看到孩子好的一面，将优点放大，这样孩子的缺点才能被缩小。

有的家长一张嘴就是对孩子百般挑剔，如果问他为什么要这样对待孩子，他会振振有词地说："孩子不打骂不成器，棍棒底下出孝子。"如果你再问他："孩子身上有什么缺点，有什么优点？"他会脱口而出，列举孩子身上的各种缺点，至于优点却一个也想不出来。

父母对孩子严格要求固然没错，但也应该善于发现孩子身上的闪光点。每个孩子都有优点，例如一个调皮捣蛋的孩子也可以帮妈妈干活，一个爱搞恶作剧的孩子也会关心同学、帮助老师。为人父母，要改变看待孩子的标准，改变教育孩子的思路。

有些父母总是夸赞别人家的孩子多好,觉得自己家的孩子不听话,其实是因为父母教育孩子的思路错了。在情感式引导教育中,我们一再强调要发掘孩子身上闪光的地方,放大他们的优点,对这些优点进行真心的赞美与赏识,让孩子知道自己身上有很多难能可贵的地方。然后再暗中指导,帮他们改掉不良行为。这样孩子的心理才会积极健康,才会变得出色。

晨晨一天到晚调皮捣蛋,一会儿拿着水枪去浇花,一会儿把一袋瓜子倒得到处都是,家里被他弄得乱七八糟,每天妈妈都收拾不过来。妈妈经常开玩笑说:"人们说'七岁八岁狗都嫌',我看晨晨还不到4岁就被嫌弃了。"有时候,妈妈看到晨晨把玩具摆得到处都是,就生气地说:"我都告诉你多少次了,把你的东西都收拾到小箱子里再去玩别的,你怎么就不听话呢?"由于越说越生气,妈妈还会把晨晨所有缺点搬出来数落一通,例如坐不住、注意力不集中、没有耐心等。

每当这时,爸爸就听不下去了,赶忙出来做和事佬。爸爸说:"晨晨,你一定知道自己哪里做得好,哪里做得不好,对不对?晨晨身上是有缺点,但是也有很多闪光点啊。昨天你还帮助妈妈收拾碗筷呢。"晨晨听了爸爸的话,心里很高兴,他问爸爸:"爸爸,我身上还有什么优点呀?"爸爸说:"那天陈阿姨带着妞妞来咱们家玩,晨晨主动把玩具车给她骑,还给她喝你最喜欢喝的酸奶呢。"妈妈接着说:"没错,晨晨还很聪明,那天妈妈教你背的诗,你很快就记住了。妈妈下班进门的时候,你还帮妈妈拿拖鞋呢。"晨晨没想到,爸爸和妈妈会说出他这么多的优点,他都快不好意思了。

之后,晨晨果然变得听话了不少,他更乐意帮妈妈收拾碗筷,帮爸爸递报纸、拿拖鞋,看到谁把水放在桌子上,还主动跑过去端起来

送到爸爸妈妈面前。爸爸妈妈看到晨晨发生了这么大的变化，感到十分欣慰。

有的父母说："我的孩子很不自信，不够阳光。"其实，不是你的孩子真的不自信、不积极向上，而是父母没有通过肯定孩子的闪光点激发孩子的自信，却在抱怨和批评中，将孩子的自信心一点一点摧毁。

面对孩子的时候，父母应该极力去寻找他们的闪光点，哪怕被人扣上"无恶不作"帽子的孩子，也有他发光发亮的一面。可能，对于大人来说，寻找孩子的闪光点如同大浪淘沙般艰难，但只要能淘到一粒发光的沙子，我们也要发自内心地去鼓励、去赞扬，这样才能指引孩子规范自己的行为。

如果孩子学习成绩不好，父母要多夸赞他懂文明礼貌；如果孩子动手能力差，父母可以夸他助人为乐，是妈妈的好帮手；如果孩子的体育能力弱，可以夸他有好的人际交往能力和卫生习惯。只要父母去挖掘孩子身上的闪光点，就不难找到他值得表扬的方面。

在教育和引导孩子的时候，父母不能只看其中一个方面，要学会总览全局，系统全面地去分析。孩子虽然有令人烦恼的地方，但更有他的可爱之处。父母应该沉下心来，用放大镜对孩子从上而下从前到后细心观察，也许你会发现，孩子的一个表情、一个动作都能让你觉得骄傲。

赞美是父母对孩子的最佳认可，是送给孩子的最好礼物。用心发现并肯定孩子身上的闪光点，孩子才能变得更加自信，更加优秀。

标签效应：用鼓励发掘出孩子的隐性优点

心理学中有个著名"标签效应"理论，说的是当一个人被某种评价贴

上"标签"时，他就会做出自我印象管理，努力使自己的行为与所贴"标签"的内容相符。心理学界的专家认为，之所以会产生这样的效应，是因为"标签"具有引导作用，不管是什么内容的"标签"，它都深深影响着一个人的个性认识。"贴标签"给一个人的结果就是促使其向所标内容的方向发展。

心理学家克劳特针对这个理论在1973年的时候特意做了一项相关实验。克劳特专门组织了一次慈善捐献活动，要求实验对象为慈善事业做出贡献，他把被试者分为两组进行捐助活动，在第一组捐献以后，克劳特根据他们是否有捐献的情况，分别将"慈善的"或"不慈善的"对这些受试者区别对待；而另一组被试者在捐献以后，并没有获得标签。

后来克劳特要求两组人再次捐献时，那些被标签为"慈善的"人，比其他所有被试者捐得都要多，而那些第一次没有捐钱被标签为"不慈善的"人比其他所有被试者捐得都少。可见，标签具有促使人们按照先前行为方式去行动的作用，进一步说，标签对人的行为具有暗中指导的作用，它会影响人们的自我印象管理。

"标签效应"启示我们，外界的评价对一个人的行为影响极大，好的

评价会衍生出好的行为，而坏的评价会引发坏的结果。在子女教育过程中，父母应当注意不要轻易对孩子作出评价，更不要给孩子乱贴标签。

举例来说，有的孩子喜欢早上上学的时候赖床，不耐烦的家长就会骂孩子："我怎么会生了头像你这样的懒猪。"还有的孩子因为写作业慢的缘故，有些不负责任的老师就会说孩子："你真是没有学习的天赋。"说者看似随意地一说，可听者非常有意地在听，结果孩子自尊心往往被严重伤害，往往会认为自己很懒、很笨。另外，一些家长设定了高目标给孩子，每当孩子无法完成时，父母就很失望，批评他"不是读书的料儿"，无形之中给孩子贴上了"我不行"的坏标签。这样会让孩子对自己的能力产生怀疑，久而久之信心也就随之沦丧，后面就更加谈不上努力了。长此以往，坏标签的预言变成了现实。家长们要明白一点，孩子其实是很简单的，你给他贴上的标签是什么，他就会根据相关内容来要求自己。

所以，为了引导孩子有个好的行为，做一个懂事、乖巧、听话的孩子，家长要多给孩子贴正面的标签，孩子都期待得到家长的正面评价。试想，如果你送给孩子一份礼物，本以为孩子会非常喜欢，非常爱惜，结果你发现孩子一点也不在乎这个礼物，你心里会是什么感觉？同样，如果你的孩子很努力地给自己穿好衣服、鞋子，等待你的夸奖，你却视若无睹，孩子会有什么样的感觉，可想而知。

有的家长会说，之所以给孩子贴上负面标签，是一种"激将法"，一方面防止孩子骄傲，另一方面督促他做得更好。实际上，这种观点是错误的，对于大人来说这种方法还可能适用，而对于心智不是很成熟的孩子来说，效果是微乎其微的。毕竟孩子年龄尚小，独立意识没有形成，对父母的评价易于接受和认同，很难产生"说我不行，我就偏要做给你看"的想法。

而且，在与人交往中，常常是抱着"物以类聚，人以群分"的理念，如果父母将负面标签贴给了孩子，他就会自动趋同于划定的类别，把自己归于"坏孩子"一类，这样会加重孩子的不良行为倾向，阻碍他们的自然成长。

因此，父母对有缺点和有不良行为习惯的孩子，哪怕他让人伤透脑筋，也不要轻易给他贴上"坏标签"，一旦贴上，再揭下来就没那么容易了。懂得情感式引导教育的父母，通过上一节就明白发掘孩子身上闪光点的重要性。而这节就是告诉父母，把闪光点放大，作为标签贴在身上，时刻观察他的进步，鼓励他发扬优点，相信他会渐渐变成好孩子。

拿破仑·希尔是美国著名的成功学家，谁会想到小时候的希尔竟然是一个坏孩子，他周围的人没有一个是不讨厌他的。无论发生什么坏事，比如谁家的母牛跑了，水渠裂了，或者树倒了，大家都会说"这肯定是那个坏家伙干的"，这个"坏家伙"指的就是拿破仑·希尔。

因为得不到众人的喜欢，拿破仑·希尔就破罐子破摔，整天想方设法给村里人捣乱。直到有一天，拿破仑继母的出现。

继母在希尔母亲离世不久后来到他家。希尔非常讨厌自己的继母，因为他觉得继母跟所有人一样，不会给自己半点关爱，更不会喜欢他，但是，他错了。

拿破仑·希尔在他的著作《人人都能成功》中这样形容继母对他的影响——

当这位陌生的女人第一次走进我们家的时候，父亲站在她的身后，她独自面对我们。她高高兴兴地和我们每个人都打了招呼，最后轮到我了，而我却高傲地站在墙角，看都不看她一眼。我的父亲向她这样介绍我："这是兄弟几个中最差劲的一个，他就是希尔。"

我永远记得继母是如何回应父亲这句话的。她轻轻地把手放在我的肩上，双眼闪耀着光辉，凝视着我，那一刻的温暖我永世难忘。她亲切地说："我不认为你是最差劲的孩子？完全不是。我认为你是最聪明的一个。"

顿时，我的心里有一股暖流涌入。这一刻是我人生的转折点。是我的继母成就了我。正是因为她真诚的爱心和坚定的信心激励着我，使我相信自己能成为她说的那种人，事实证明我做到了！

我的继母总是鼓励我相信自己，设定人生的目标，制订大胆的计划，并坚决地执行。我决不会忘记她对我的教导："要让别人有信心，你就要不断地鼓励别人。"

拿破仑·希尔的继母发现了他的优点和潜力。正是因为她的鼓励和帮助，拿破仑·希尔踏上了蜕变之路，他开始正视自己，发奋学习，成功塑造了一个全新的自我。

要想发现孩子身上的隐性优点，必须以平常心看待孩子，平等地对待孩子，仔细观察和了解孩子。父母难免会责备犯了错的孩子，但责备也要讲究方式方法，不同的方式方法会产生不同的效果，如果采用了不当的方式，可能对孩子的一生造成消极的影响。前面我们说过，对孩子要尊重、要倾听、要赏识，不要轻易责骂甚至体罚等，这些方式在这里同样适用，父母需要耐心细致地挖掘孩子错误中隐藏的优点，懂得体谅孩子、赏识孩子。

同时，面对孩子的错误，父母还要从自身找原因。是不是自己把悲观、消极的人生态度传染给了孩子，自己喜欢贴负面标签，孩子也跟着学会否定的暗示。有些时候，孩子的行为很大一部分源自父母的误导。例如孩子不服父母管教，肆意和家长顶嘴，父母气急败坏地说："我管不了你，等你到了学校,让老师管你!"这样的话会让孩子误以为老师与自己是对立的敌人,从而产生了叛逆的心理。

通过上述描述,相信父母们对"标签"的重要性有了一定的了解。希望每一位父母在学习情感式引导教育中,都能发现孩子的隐形优点,把它放大后做成正面"标签"贴在孩子身上,从而使孩子通过你的引导,步入健康快乐地成长阶梯。

第四章

批评不带伤害
你的话孩子才会牢记于心

孩子小不等于没自尊，批评绝不可当着他人面

当孩子犯错的时候，有些父母总是不顾时间、地点就对孩子大声斥责，更有甚者还动手打孩子。殊不知，这样的教育并没有什么效果，反而会引起孩子的心理逆反，激起孩子的对立情绪，即使孩子认识到了自己的错误，他也会宁折不弯，甚至强词夺理。

是人就会有自尊心，孩子也不例外，父母们千万不要忽略这一点。尤其在有外人时，孩子的自尊心会更加强烈。父母如果总是对别人讲自己孩子的缺点或是在别人面前呵斥孩子，孩子的自尊心会大大受到伤害。孩子的自尊心比成年人要强得多，他们会因为自尊心的受伤遭遇更多的打击。

在情感式引导教育的第一章我们就讲到，要懂得尊重孩子。尊重孩子的其中一点就是要学会在他人面前赞美孩子，和孩子单独在一起的时候再批评孩子。这样的情感教育孩子会更容易接受批评。

周末，王阿姨来阳阳家做客，送给阳阳一个包装精美的儿童大礼包。阳阳妈妈悄声交代阳阳，等王阿姨走了才能打开礼包品尝。但一转眼，阳阳已经把礼包打开了，他抓起一个果冻就吃了起来。

阳阳妈妈有些生气，当着王阿姨的面大声说："你这孩子怎么这么嘴馋，真没礼貌！好像八辈子没吃过东西一样……"一语未了，阳阳嘟着嘴不高兴了，他生气地把礼包投掷到了妈妈身上。

为了解围，王阿姨急忙说："没事没事，小孩子嘛。"接着，又微笑着对阳阳说："阳阳，你今年上小学一年级了，你告诉阿姨你都会干什么呀？"

阳阳挺了挺胸膛，自信地说："我是一个男子汉，会干许多事情呢！我会洗自己的衣服，会帮妈妈洗碗，替爸爸浇花……"

谁知，阳阳妈打断了阳阳的话，"你还好意思说呢，你洗衣服把衣服戳了一个洞，洗碗摔碎了一只碗，浇花时差一点儿就把花从花盆里浇走了。"阳阳的小脸涨得通红，他双手攥拳，气鼓鼓地跑回了自己的房间。

后来，阳阳待在自己的小房间里半天不出来，任凭妈妈怎么敲门他都不理不睬。妈妈心里很郁闷，"我不就是说了几句嘛，阳阳为何这样气急败坏、耿耿于怀？"

中国人最讲究"当面教子，背后训夫"。所谓"当面教子"，即家长喜欢当着其他人或众人的面，指出孩子曾犯或者在犯的错误，并对孩子进行"现场教育"。大多数妈妈有这样一种心态：让外人看到自己批评孩子，证明孩子有教养、有家教。但是，很多时候"当面教子"不但起不到教育的效果，还会使教育走向反面。

某个周日下午，同学们应邀来到一位同学家聚会。正当他们玩得尽兴的时候，那位同学的家长回来了，一看到家里乱七八糟的场景，就当着大伙的面把自己的孩子臭骂了一顿。孩子因此感觉特别没有面子，非常尴尬。孩子因此跑到姥姥家去住了，每天上学、放学都回姥姥家。这样的僵局维持了两周左右，最后还是以家长主动道歉孩子才回家的结局告终。

父母在别人面前批评孩子，孩子会觉得特别没有面子，甚至会觉得是在被羞辱，其结果是把为什么挨训早就忘到脑后，只留下对父母的强烈反感。孩子甚至会怨恨父母，造成亲子关系紧张。曾经就有一个孩子对他的同学说："我恨死我妈了，家里一来客人就批评我，越批评我，我越不服，越是要和她对着来。"有些孩子虽然表面没有很大的反应，但是问题并没有解决，有的甚至会把错事从表面转到背后，那就更危险了。

俗话说："人要脸，树要皮。"孩子同样也是一个要脸的个体，经常在别人面前批评孩子，会严重挫伤孩子的自尊心。在没人的时候悄悄批评孩子，孩子才不会感到反感，孩子还会因为家长的"给面子"而倍感愧疚，这样做更有利于纠正孩子的错误。父母要让孩子认识到，犯错的是孩子自己，改错的也是孩子自己。因此，父母只针对孩子的错误批评他，且不在有他人在场的情况下。

我们在讲情感式引导教育中一再强调——不要忽略孩子的自尊心。即使发现了孩子有不良行为，也不要用恶劣的态度批评孩子，可用皱一下眉、不说话等温和的方法来表达父母的不高兴；也可以在安静的场合和孩子谈谈，引导孩子鼓起勇气正视自己的错误和不足，这样才能帮助孩子形成正确的是非观，还能保护孩子的自尊心。

批评的语气要委婉，让孩子自己去领悟

美国精神病学家威廉·歌德法勃曾经说："教育孩子最重要的是，要孩子当成与自己平等的人，给他们以无限的关爱。"但是，现实生活中，很多父母很难做到平等地对待孩子。当孩子犯了错误，父母总是以居高临

下的口吻,盛气凌人的态度,以及粗暴的语言,去批评和教育孩子,不但伤害孩子的自尊心,也会影响教育效果。

一天,妈妈打开电脑坐下来准备工作,突然想起什么事情离开了一下。航航因为好奇,跑到电脑前一阵鼓捣,也不知道他按错了哪个键,电脑突然死机了。妈妈返回来时,发现电脑不动了,担心文件丢失,立即火冒三丈,对着航航就是一阵数落:"电脑是你随便动的吗?这东西的重要性你知不知道?怎么这么不听话,一天不闯祸你就难受是不是?"航航没想到妈妈会这么生气,紧张得不敢动,只是瞪着一双大眼睛,惊恐地看着妈妈。爸爸看到航航无助的样子,赶快走过来对他说:"你把妈妈电脑弄坏了,心里是不是也不好受?"航航点点头,没有说话。爸爸接着说:"爸爸知道你是因为好奇才去玩电脑的,不过这东西对于妈妈很重要,没有它妈妈就不能工作了,所以你不能随便动它,知道吗?"航航点点头。爸爸为了缓解航航紧张的情绪,又说道:"不过没关系,幸好爸爸有办法,一会儿爸爸把它修理一下就可以用了。但你要知道,爸爸和妈妈永远爱你。"航航听了爸爸的话,心情放松了不少。

孩子犯了错误,父母批评本没有错,但是在批评的时候特别要注意自己的语气。说话过激或是过于粗暴,很容易伤害孩子幼小的心灵,让他们难以承受。由于孩子畏惧父母的权威,虽然一时变得老实听话,但长此以往,孩子会在心里默默怨恨父母,甚至与他们越来越疏远。

很多父母认为:既然孩子是我生的,我就有权说他们,至于什么口气,什么态度,全由我个人决定。还有父母认为:看到孩子犯错,我一时气愤,哪里顾得上自己说话孩子能不能接受。当然,人在生气的时候,由于语言受到情绪左右,很难考虑他人的感受,但是,如果父母能换位思考,想想

自己在工作和生活中受到他人措辞强硬的批评和指责时，也一定难以承受，也会想着与对方抗衡吧。既然如此，父母应该尽量控制自己的情绪，在批评指责孩子时，多一些委婉，少一些粗暴，用心斟酌措辞，孩子会更容易接受。

情感式引导教育告诉父母说话委婉，不是不指出孩子的错误，让孩子自己去领悟，而是要用一种孩子更能接受的方式。孩子乐于接受的第一个方式就是先肯定再否定，也就是说当孩子犯了错误，父母不要急着直接指出其错误，而是先说出孩子值得夸赞的一方面，再对他错误的一面进行批评教育。说话时语气尽量平和，态度不要强硬，这样更能说服孩子。

一天，倩倩想画画，她看到桌子上有一本看过的儿童杂志，就在上边画了起来。好好的一本书，一会儿就被她画得乱七八糟。其实，倩倩刚开始学画画的时候，经常在家里乱涂乱，地板上、墙壁上、门框上都留下她不成形的"作品"，为此，父母没少批评她。可是很快这些话就被她抛到脑后。这次，妈妈决定换一种说话方式来纠正她的错误，她对倩倩说："倩倩，看到你画画有了很大进步，妈妈非常开心。在这一点上我要表扬你。"听到妈妈的话，倩倩显得很得意。接着妈妈又说："可是，你还有一点做得不好，要是能改正过来，就更棒了。"倩倩着急地问："是哪里不好呢？"妈妈认真地说道："你不该在儿童读物上画画，因为你把画画在上边，等下次想看书的时候就看不了了！你应该在纸上画画，这样既显得画干净整洁，也方便妈妈拿出去给别人看啊，这样大家就都会知道你画得有多好。"倩倩听妈妈这么一说，十分高兴，眼睛里闪烁着光芒，她问妈妈："真的吗？"妈妈说："当然。"此后，每当倩倩要画画，都会找爸爸妈妈要纸，再也不在书上乱涂乱画了，她很希望大家都夸奖她画的画好。

批评是一味苦药，但父母用对方式也可以为孩子带来"甜头"。孩子思维简单，想法单纯，苛刻的指责往往不容易被他们接受。而说话时把尖锐的措辞说得婉转而含蓄些，就会起到春风化雨的作用。

批评孩子切忌唠叨，言简意赅更有说服力

很多父母，特别是做母亲的，批评孩子的时候喜欢唠叨个不停。因为他们认为说的次数多，是在帮助孩子强化记忆，孩子印象深刻，执行起来才更容易。其实，批评孩子的时候唠唠叨叨，效果并不理想。

人们常说，说话要言简意赅、突出主题，说出的话才有说服力。而唠叨就是说话的时候冗长、琐碎，一句话或是同一件事情反复说个不停。在批评孩子的时候，如果同一句话重复多遍，或一件事情说个没完没了，成年人听了都会感觉心烦意乱，难以接受，更别说是孩子。

璐璐小的时候特别喜欢学习，成绩在班里也是名列前茅，后来却越来越不喜欢学习，这是为什么呢？因为她的妈妈批评她的时候总是唠叨个不停，弄得她完全没有心情去做自己喜欢的事情。

一天，璐璐放学回家，打开作业本准备做作业，突然被桌子上的一本课外读物吸引住了。那本书包装很精美，书名也很特别。璐璐本来就很喜欢文学类读物，想对里边的内容一探究竟，于是放下笔，打开课外书欣赏了起来。看了几页之后，璐璐想起作业还没做呢，感到有些内疚，但书里的故事实在太有意思，她舍不得放下，所以决定再看一节。

这时妈妈进来了，看到璐璐在读和作业无关的书籍，十分生气，大声地对璐璐说："看这些乱七八糟的书干什么，怎么还不做作业？"璐璐说：

"知道了，妈妈，我看完这一节就做。"妈妈说："看完一节？那得耽误多长时间呢，先去写作业。"璐璐央求道："妈妈，还有十分钟就看完了，就十分钟。"妈妈不烦地说："十分钟？这可是你说的。"说完妈妈转身离开房间。没过多长时间，妈妈又进来了，再次生气地对璐璐说："怎么还看呢？不是说看完就写吗？"璐璐看了看闹钟说："妈妈，不是说好十分钟吗？这才过了四分钟。"妈妈没好气地说："你抓紧时间吧，现在不快点写，晚上又得睡那么晚。"璐璐这时感到很心烦，没有说话，继续看着课外书。

妈妈此时开始不停地抱怨："别人家的孩子一进屋先写作业，可你呢，进门先看无关紧要的书，等到快睡觉了，才开始写作业，这样怎么能把学习搞好？"璐璐听到妈妈的唠叨，连课外书也看不进去了，她说："妈妈我不是说了吗，只看完这一节就写作业，您就别唠叨了。"妈妈说："哎呀，你不写作业有理了，我这样不停地说，还不是为你好？要是你能听点话，至于这么累吗？"璐璐感到越来越烦躁，把书合上，扔到一边，生气地说："行行，我不看了还不行吗？"于是开始写作业。但是想起刚才妈妈说的话，她就生气，越是气愤，越写不进去作业，就这样磨磨蹭蹭，直到十点才做完。

璐璐进家没有立即写作业而是看课外读物，本来就感到内疚，妈妈第一次进房间的时候，如果出于善意的提醒，璐璐的内疚感会促使她尽快放下不相关的书籍，积极地抓紧时间去写作业。但是妈妈用唠叨的方式教育璐璐，结果孩子本身的内疚自责因为妈妈的唠叨而消失不见，留下的只是心烦意乱，试问孩子带着这样的情绪去做事，怎么能够做得好呢？

父母爱唠叨，多半是带着恨铁不成钢的心态，他们希望尽自己最大的努力改变孩子，初衷是好的。但做任何事情都要讲究方式方法，即便是一个急脾气的人，想尽快纠正孩子的错误，也不能絮絮叨叨说个不停。父母说得越多，孩子的逆反心理就越严重，不但会使教育效果下降，还会使孩子畏惧与父母之间的沟通和交流。

父母唠叨一次两次，可能对孩子造成的伤害不会太大，如果孩子长期承受父母的唠叨，父母着急焦虑的情绪就会给孩子造成巨大影响，孩子感受到巨大的心理压力，会变得不自信，负面情绪也会越来越多，影响到孩子的人格和性格发展。

孩子是一个独立的个体，即使他有些事情做得不够好，想法不够周全，但他有能力去处理好自己的事情。批评教育的话说多了，反而会让孩子反感。如果相信孩子的能力，给予孩子多一些包容和体谅，站在平等的高度与孩子进行交流，孩子一定会做得更好。

阳阳的妈妈以前在教育孩子的时候也喜欢唠叨，弄得阳阳不胜其烦。一次偶然的机会，她听了亲子教育专家的一场讲座，意识到唠唠叨叨不但教育不好孩子，反而会令情况恶化，于是决心改变自己。

往常，阳阳放学回到家，妈妈让她做的第一件事就是写作业，如果阳阳提出自己的建议或是想法，就会换来妈妈的一顿唠叨。阳阳实在拗不过妈妈，就会说："行了，求你别说了，我去写还不行？"但写完作业之后，阳阳却不愿和妈妈说话了。

但今天，妈妈决定换一种方式来拉近母女之间的距离。阳阳放学后，妈妈依然提醒她说："你写完作业我们再吃饭。"这话只说了一遍之后就再也没有重复。阳阳到屋里写作业，到快七点的时候出来了，她一看，满桌子的饭菜一动都没动，就问妈妈："你们怎么还没开始吃呢？"妈妈认真地说道：

"你一回家我不是说了,你做完作业,我们再吃饭。"阳阳显得很兴,说道:"妈妈,你什么时候说的,我怎么没听见?"妈妈笑着说:"是不是我不唠叨,你耳朵不好使了?"阳阳被妈妈逗笑了,母女二人你一句我一句说得不亦乐乎,晚饭吃得特别开心。

古人云:"将心比心,推己及人;己所不欲,勿施于人。"如果父母认为他人的唠叨容易让自己心烦,就不要让同样的烦恼发生在孩子身上。情感式引导教育首先需要父母站在孩子的角度思考问题,只有这样才能走进孩子的内心世界了解他们的真实想法,才能找到适合的教育方式。与其批评时唠唠叨叨,自己说着累,孩子听着累,不如多给孩子一些成长的空间。孩子有了独立意识和自信心,一定能做得更好。

孩子犯了错,先听解释而非直接批评

很多家长认为,孩子做错事就应该受到批评,不能纵容孩子再犯类似的错误。当然,父母批评孩子本没有错,但凡事都要有一个衡量的标准。情感式引导教育是希望家长在孩子做了错事后,先弄清他们为什么犯错,犯的错误到底有多严重,再找出相应的对策。如果家长只凭一时愤怒,还没听听孩子对错误的解释,就对孩子进行惩罚,会给孩子的心理带来深深的伤害。

宇浩今天早早就起床了,他趁爸爸妈妈不注意的时候跑到卫生间,从洗漱台上拿起爸爸的刮胡刀就在脸上鼓捣起来。没过一会儿,在卧室睡觉的妈妈听到什么东西掉到地上,啪的一声,紧接着就是宇浩的哭声。她吓坏了,迅速起身跑向卫生间,看到宇浩脸上被划了个小口子,流了点血,再看看掉在地下的刮胡刀，一下子就明白是怎么回事了。

本来妈妈最近工作很忙，经常加班到深夜，好不容易等到周末想睡个懒觉，偏偏这时候被宇浩吵醒，再加上她看到宇浩随便玩爸爸的刮胡刀，因此气得不行。宇浩看妈妈生气了，惊慌失措地擦拭脸上的伤口，这时妈妈不由得大声责备道："宇浩，你到底知不知道你在干什么？刮胡刀很危险的，我早就告诉你这些东西大人才能用，你不要随便动。你看看现在你的脸被划破了吧，真是太不听话了。"宇浩听到妈妈怒不可遏的声音，更是吓得哇哇大哭。

妈妈只管俯身收拾掉在地下的刮胡刀，没有安慰宇浩，她只是想让宇浩记住这次教训。宇浩越来越感到委屈，不停地哭，虽然声音变小了点，眼泪却没有停止。

其实宇浩一直是个听话的孩子。如果父母说别碰水壶，会烫手，他就不会去碰；如果父母说别随便开水龙头，会把衣服打湿，他也不会去玩。爸爸认为宇浩跑到卫生间玩刮胡刀很反常，一定有什么事情，如果没有原因，他相信宇浩不会随便动大人的东西。爸爸把正在哭泣的宇浩抱了过来，耐心地询问道："宇浩，你今天为什么要用爸爸的刮胡刀啊？"宇浩回答道："张老师在班上给我们排情景剧让雨欣演妈妈，我演爸爸。我见爸爸经常用刮胡刀，所以我也用了。"这时妈妈也弄明白了宇浩动刮胡刀的真正原因，对刚才自己不分青红皂白就大发雷霆的行为感到很后悔。

父母保护孩子远离危险本无可厚非，但是当孩子做错了事，父母在没弄明白原因的情况下直接批评，就显得不近人情。孩子虽然年龄还小，思想不成熟，对一些事情考虑得不周到，但有些时候，他们犯错也是有原因的。父母在张嘴批评孩子之前，不妨先听听孩子怎么说，弄明白事情的原委再发表

意见。这样做，不但是给孩子机会，也为自己与孩子之前的关系更近一步提供了机会。

很多父母面对孩子犯错，第一反应就是批评，这显示出他们无法处理好这件事情的无奈和无助。须知，孩子也是有羞耻心的，也是要面子的。如果他们真的犯了错误，一定会心存愧疚，但是如果因为某种善意而犯了错误，恰在此时，家长又没有倾听他们的解释，草率处理，就会让孩子在心理上无力承受，他们感到伤心委屈，对自己所做事情的对错失去判断。

萌萌今年4岁，是个聪明伶俐的孩子，不过他也很调皮捣蛋，经常在家里跑来跑去，弄得身上脏兮兮的。那时妈妈每天上班，奶奶在家陪着萌萌，而萌萌最高兴的事情，就是每天晚上等妈妈下班。一天，萌萌看到天黑了，像往常一样等妈妈，当他听到门外愈走愈近的脚步声和同时响起呼唤"萌萌、萌萌"的声音时，赶忙过去开门。妈妈进了家门，萌萌立刻从旁边搬来一把小椅子递给妈妈。但妈妈向沙发那边走去，没有看到萌萌搬来的小椅子。当妈妈在沙发上坐下来，奶奶过来和妈妈说话，萌萌又把小椅子搬来，一个劲儿地说："妈妈，妈妈快坐下。"但是大人说话的声音淹没了孩子的声音，妈妈还是没有听到。这时，萌萌把椅子搬起来直接放到了沙发上。妈妈回过头，看到沙发上的椅子十分生气，她认为萌萌故意捣乱，于是大声责备道："这么脏的东西怎么能放到沙发上呢？赶快拿下去，要不然妈妈生气了。"萌萌还在说："妈妈你坐吧。"妈妈更加气愤："你赶快拿走，不然我就再也不让你坐这把椅子。"萌萌被妈妈吓坏了，伤心地哭了起来。这时，奶奶从厨房走了出来对妈妈说："萌萌今天学了一首歌叫《我的好妈妈》，里边唱得是：'我的好妈妈下班回到家,劳动了一天多么辛苦了,妈妈妈妈快坐下……'所以他才搬来了小板凳,想让你坐在上边好好休息。"此时,妈妈想起刚才萌萌确实对自己说"妈妈快坐下",只是自己没有看到,所以他才把椅子搬到沙发上,想要引起妈妈的注意。萌萌感到委屈,还在不停地哭。妈妈也为错怪了孩子感到内疚,赶忙把萌萌抱到怀里说:"对不起萌萌,是妈妈错了。萌萌觉得妈妈上了一天班很辛苦,所以给妈妈搬来了椅子让妈妈坐。谢谢萌萌。"萌萌脸上这时才有了笑容。

萌萌的妈妈,以为孩子把椅子放在沙发上是故意捣乱,而孩子这一举动却是关心妈妈。很多时候,我们看到的现象只是表面的,并不能反映事情的本质,只有深入分析,弄清原因,才能找到合理的解决方式。如果孩子出于好意而犯错,却遭到家长的批评,那他肯定会认为自己做的好事并不是好事,从而对自己失去信心,以后也不会再做这件事。或是自己明知是好事,但被父母无端认为是错事,遭受批评,于是跟父母赌气对抗,导致双方的关系向不良的方向发展。

为避免出现上述问题,家长在面对犯错的孩子时,最好先不要急着责备,先倾听孩子的解释才是最重要的。

与其批评,不如多给些建议

尽管孩子在成长的过程中不可避免地会被批评,但如果批评得不正确或是不合时宜,很容易将孩子推向反抗和叛逆的一面。情感式引导教育提醒家长,有时候放弃批评,用给予建议来代替,很可能起到意想不到的效果。

批评，在词典中的解释是指出对方的缺点，或是对对方的缺点和错误提出意见，例如批评对方的蛮不讲理、不讲卫生，但却并非指责、抱怨。可是，在现实生活中，很多父母误解了批评的含义，认为既然要批评孩子，就要直指他们的痛处，让他们印象深刻，以便深刻铭记并改正错误。这样做也许会帮助父母树立权威，但却伤害了孩子的自尊。

建议则是指针对一个人或是一件事情的客观存在，提出自己的意见，这种方式具备一定改良的条件，使个人或是事情向着积极良好的方向完善和发展。建议通常带有肯定的意味，如果先肯定孩子，再对孩子提出改正意见，孩子会更容易接受，并自觉遵守规矩，越做越好。

4岁的小杰趁妈妈不注意从厨房地上拿出一捆绿叶菜。他先揪下上边套着的皮筋将菜散开，然后把它们分成几份，分别装到他的四辆大小不同的玩具运输车里，如果放不进去，他就用手揪下多余的菜叶或是将它们揉成一团使劲往车上塞，弄得蔬菜乱七八糟。爸爸看到这一幕，上前一把夺过玩具车，把里边的蔬菜用力倒了出来，将它们归在一起，然后大声批评小杰不懂事，不应该乱动蔬菜，说得小杰不停地抹眼泪，眼睛都红了。尽管当时爸爸的吼叫式批评奏效了，小杰老实了一会儿，可是当一切风平浪静之后，小杰似乎又恢复了之前的样子。他趁爸爸妈妈不注意，又跑到厨房把地上的蔬菜放到卡车里，这次不是绿叶菜，而是换成了西红柿、土豆一类的圆形蔬菜。正当爸爸气愤不已，想伸手揍小杰一顿的时候，妈妈说话了："你这样大声斥责他有什么用，要给他一些建议才行。"妈妈转身用温和的语气认真地对小杰说道："小杰，妈妈知道你想象卡车司机叔叔一样运输货物，可这些菜是妈妈用来给小杰做好吃的东西的，如果摔坏了就不好吃了。小杰愿意吃不好吃的饭菜吗？"小杰若有所思地说了声："不愿意。"接着妈妈说："不如这样，妈妈给你个建议，你把墙角堆着的那些积木和拼图块运到玩具筐里，妈妈拿蔬菜到厨房做饭，咱们比比谁做得又快又好，好不好？"小杰很高兴，一口答应了妈妈的要求，接着就认真地运送起积木来，他可不想输给妈妈。

父母经常以为自己的想法是正确的，孩子就应该顺从，甚至他们都没说自己到底有什么想法，就大声斥责孩子。他们这样做，只是站在父母的高度上威胁孩子，并没有从孩子的角度考虑问题。孩子需要尊重和肯定，而批评是对孩子的指责和否定，只有采取建议的方式处理孩子的问题，多给予孩子肯定，再以理服人，进行循循善诱的引导，才能引起孩子情感上的共鸣。

小区里的妈妈们没事时就喜欢聚在一起说些家长里短，当然，她们最常谈论的话题就是自家的孩子。有一位妈妈说自己家的孩子真是不让人省心，每天总是做各种不着边际的事情，为此没少挨批评，有时候一天要批评孩子好几回，孩子才能暂时规矩一会儿，她感慨自己的孩子太难管教。她举例说："一天，她让我给她买个MP3，说是用来听英语。我一听很高兴，以为她知道主动学习了。谁承想，她不是用来听英语，而是用来听歌的。"周围妈妈问："你是怎么发现的？"这位妈妈继续说："有一次她睡着了，我看她耳塞还挂在耳朵上，就替她摘了下来，这才听到里边放着的是歌曲。她居然骗我，你们说生气不生气？"其中一位妈妈说道："嗯，你女儿确实不该这样做，不过，你不要总是批评她，最好试着给她些建议。"这位妈妈立即气愤地说："批评她都不听，建议能管用吗？"另一位妈妈解释道："孩子有错误，很多妈妈选择批评，是希望他们能认识到自己的错误，但是你们试想一下，这样做结果是向好的方向发展吗？当然没有。大家一味批评，相当于否定了孩

子的一切，包括优点，孩子怎么会甘心顺从。如果站在理解和尊重的角度上，给他们一些建议，让他们感受到尊重，效果则会不同。"这位妈妈听从了建议，回家照着这个方法去做。她没有用愤怒的语气大声指责孩子，而是心平气和地给予意见，这次孩子很快就照着妈妈说的话去做了，也愿意改正自己的错误，两人的心情都很愉快。

父母给予孩子建议而不是批评，孩子没有受到指责，也没有被否定，从心理上会得到满足，感觉自己占据了主动地位，因此更容易朝好的方向改进。当孩子犯了错误，父母最好用建议代替批评，对孩子多一些温和，少一些怒吼和咆哮，这样，孩子才能认清自己，增强自信，取得更快的进步。

家长也会犯错，有错误要勇于向孩子道歉

很多父母认为向孩子道歉是一件没有面子的事情。其实这种观念是错误的。情感式引导教育的第一章就讲到，父母要学会与孩子平等沟通。那么，孩子犯错了需要向父母道歉，父母犯错和孩子道歉也是理所当然的。这样才是相互间的平等关系，才有助于教育子女。

从不和孩子坦诚自己缺点和过失的父母会给孩子造成这种印象：爸爸妈妈总是出错，但他们总是认为自己是对的。长此以往，孩子就不会听从父母的教诲了。若是父母对孩子犯了错，却能及时认真地向孩子道歉，无形中教会了孩子承认错误是责任的一部分，它并不可耻，进而提升了是非观。

举例来说，一些孩子在"犯错"后，父母们由于难以克制感情上的冲动，对孩子进行了较为严厉的批评，事后父母搞清楚了原来错不在孩子那里，

只是因为自己没弄明白就给孩子下了结论。如果父母能在这时向孩子承认自己的错误，并进行认真的道歉，这样就能用自身行动引导孩子走向正确的道路。

某位妈妈回忆起一件事情时苦恼地说道："某次下班回家后，我发现我们家的鱼缸烂了。因为儿子淘气的缘故，我断定鱼缸的损坏肯定和他有关，于是狠狠批评了他。但儿子没有承认是自己所为，他反倒觉得委屈。我顺手就打了儿子，我认为这是他在狡辩。晚上，孩子他爸回来后才说是他不小心把鱼缸打坏的，我这才意识到我错怪孩子了。但因为我的虚荣心，我并没有对儿子道歉：'虽然这次的幕后元凶不是，但你平时淘气，你以后不能淘气了。'没想到此后很长的一段时间内儿子没有和我说过话。我这才意识到是因为我没和他道歉而伤害了他的自尊心，但是，我放不下作为妈妈的面子，我真不知道我该怎么处理这件事情。"

其实，在生活中这样的例子很多，父母错怪孩子，或者做错事情是非常正常的事情，即使名人也不例外。

有一次，正处于心烦状态下的闻一多动手打了还不懂事的小女儿，这一幕正好被儿子撞见了，他严肃地批评闻一多说："你打人不对，你天天宣扬民主精神，竟然在家里犯这样的错误！"闻一多听完之后还有点火气，但是冷静了一下之后，十分认真地对儿子说："我向你们道歉，我不该动手打你小妹，我小时候，你们爷爷奶奶就是用这样的教育方法对我的，现在又换成了我，我错了。所以，请你们引以为戒，等你们有孩子的时候，千万不要用这样的方式教育你们的子女。"

这样的道歉，无疑重塑了在孩子们心中高大的父亲形象！每个人都有做错事的时候，关键在于如何面对自己的错误。如果只是因为"面子"心

理在作祟，让孩子蒙受不白之冤的话，这不仅会伤害孩子的自尊心，也会颠倒孩子的是非观，对孩子的身心成长是极为不利的。

父母们再也不要如此这般，做错事情的时候，认真地向孩子道歉并不是什么没有面子的事情！父母并不一定永远正确，应该实事求是。父母对孩子坦承自己的过失，无形中起到了尊重孩子和教育孩子做人的作用，而且在孩子心中的形象更加高大了，彼此之间的感情更加融洽了。

情感式引导教育告诉了父母，给孩子道歉有助于拉近彼此间的关系。但如何给孩子道歉，要讲究技巧。

1. 态度诚恳，否则让孩子觉得你没有诚意

举例来说，现实生活中有很多妈妈确实扮演着"统治者"的角色。错怪孩子了，不但没有向孩子致歉，反倒是借题发挥，从孩子身上找原因，这样的教育方式总是徒劳无功的。这样会让孩子觉得妈妈没有诚意道歉，而是变相批评自己。真正的道歉是能触碰到孩子心中被赏识和尊重的神经的。

另外，还要注意对孩子道歉时的态度，千万不要边发脾气边道歉，父母若是能做到这样，孩子才能接受你的道歉。

2. 不要乱道歉

比如，向孩子道歉的原因竟然是因为孩子自身情绪的波动。父母不要因为要让孩子高兴就否定了自己的原则，否则，父母是在孩子心中没有分量的，孩子就会认为父母是个"软柿子"。所以，道歉一定要有针对性，

如果真是父母错了，那么就诚恳地向孩子道歉，让孩子感受到你对他的尊重，教会他做人的道理，而不是为了讨好孩子才进行道歉。

当你对孩子的言行举止出现不当时，你应该对孩子说："孩子，是我不对，我们一起努力改正错误好吗？"一定要让孩子感受到你的诚恳。你可以说："是妈妈错怪了你，妈妈向你道歉。"你可以试着改变对孩子的态度，做个会道歉的父母。

第五章

不去束缚
让孩子拥有自己的天空

看似残酷无情的方式，却是最理智的教育

在动物界里，狐狸育子的方法是杰出的。一群小狐狸稍稍长大后，狐狸妈妈便逼着自己的孩子离开家，对那些想要回家的小狐狸又咬又赶，就是不让小狐狸进家门，最后小狐狸们只好依依不舍地开始自己的独立生活。

这种方法看似残酷无情，但却是最理智的教育方式！我们身为家长，也应该像狐狸妈妈对待孩子那样，当孩子到了自己独闯世界的时候，就应该把孩子轰出家门，让孩子独立生活，这将会让孩子一生受益匪浅。

杰奎琳两任丈夫分别是美国总统肯尼迪和世界船王·纳西斯。尽管杰奎琳名扬天下，家财万贯，但她在教育自己的孩子上从不心软，因为她不能容忍儿子约翰日后成为一个无所事事的花花公子。约翰自幼就是一个内向且依赖感很强的孩子，为了把约翰培养成一个独立的人，杰奎琳把儿子送到很多可以培养儿子独立的地方让他接受训练。

杰奎琳在约翰很小的时候将他送到了英国一个岛屿上的"勇敢者营地"去接受训练。在那里，小约翰学会了爬山，还学会了驾驶木舟和帆船，这些都锻炼了他刚毅果断的独立性格。

第五章：不去束缚，让孩子拥有自己的天空

约翰长大一些后，已经开始在美国东北部一个孤岛上独自生活，这幕后的推手又是杰奎琳。这种技能训练非常辛苦，在为期20天的训练中，没有食物，只有一加仑水、两盒火柴和一本在野外如何谋生的书。训练过后，约翰的自立能力有进一步得到加强。约翰15岁的时候，杰奎琳再送他到肯尼亚的荒野里自求生存。

当约翰放暑假时，杰奎琳又送他参加为期70天的户外培训。顺便，约翰参加和平队赴马尼拉从事地震救灾的工作，以此来进一步强化约翰独当一面的能力。

在母亲杰奎琳的狠心教育下，约翰成长为一位理智节制、积极向上、自信潇洒而又圆通练达的青年。约翰在大学毕业后先在印度工作了一段时间。3年后，他被纽约大学法律系录取，毕业后被曼哈顿检查系统录用，成为一名检察官，但是在赢了几场官司后就辞职了。

1995年9月，约翰成为《乔治》杂志的创始人。

可见，约翰能够取得自己人生道路上一个又一个成功，与他母亲的狠心教育有着直接的联系。试想一下，如果杰奎琳没有在儿子小的时候狠心让他接受这些艰辛的训练，那么他的儿子将会有另一种完全不同的生活。

塑造孩子良好的行为习惯，这是家长给孩子最好的人生财富。自古娇儿难成材。"狠心"的家长才是真正爱孩子的家长。

罗伯茨是英国格兰文森小城的一家杂货店主，他也是撒切尔夫人的父亲。玛格丽特（撒切尔夫人）5岁生日的时候，父亲没送给她像其他孩子一样的漂亮礼物，而是对孩子说了一句意味深长的话："孩子，你必须牢记——不管做什么事情都要有自己的主见，千万不要随大流，要用自己的大脑辨别是非。"从此，罗伯茨刻意把女儿培养成一个勇敢和独立的人，并决心

注重刻画孩子"严谨、准确、注重细节、对正确与错误严格区分"的独立人格。

等到玛格丽特入学后，她发现身边同学的生活远远比自己丰富，他们可以做游戏、骑自行车，周末的时候还可以去野外野餐，这一切都是那么的诱人。幼小的玛格丽特很想和小伙伴们一起出去玩。有一天，她鼓足了勇气向爸爸说出了自己的想法："爸爸，我也想去玩。"罗伯茨脸一下就板了起来，说："你没有主见吗？你不要因为朋友的举动而改变自己的想法。你应该最清楚自己需要做什么。"罗伯茨知道爱玩是孩子的天性，不让她出去玩耍，孩子肯定会一万个不愿意，但是为了培养孩子的独立，罗伯茨缓和了语气，继续劝导玛格丽特："孩子，不是爸爸限制你的自由。这个年龄段是学习知识的最佳时刻，如果你像别人一样贪玩，那么日后将无所作为。你自己做决定吧，我相信你的判断能力。"玛格丽特听完父亲这番话不吭声了。她心想："对啊，我是与众不同的，我为什么要和别人一样？还有很多书没有看完呢。"

正是罗伯茨对女儿明确目标的培养，让撒切尔夫人从一个普通的女孩蜕变为政坛铁娘子，叱咤政坛12年。

对于孩子而言，无论是将来做什么，人生最宝贵的财富就是独立的人格，这也是情感式引导教育希望得到的结果。父母不可能是孩子一生的避风港，这艘"小船"总会有驶向波涛汹涌大海的那一天。所以，家长在一些方面要敢于"狠心"地对待自己的孩子。当然，狠心的前提是为了孩子的良好发展，这样他们才能尽早学会独立。让他们用自己的头脑和眼睛认识世界，让他们成为他们自己！

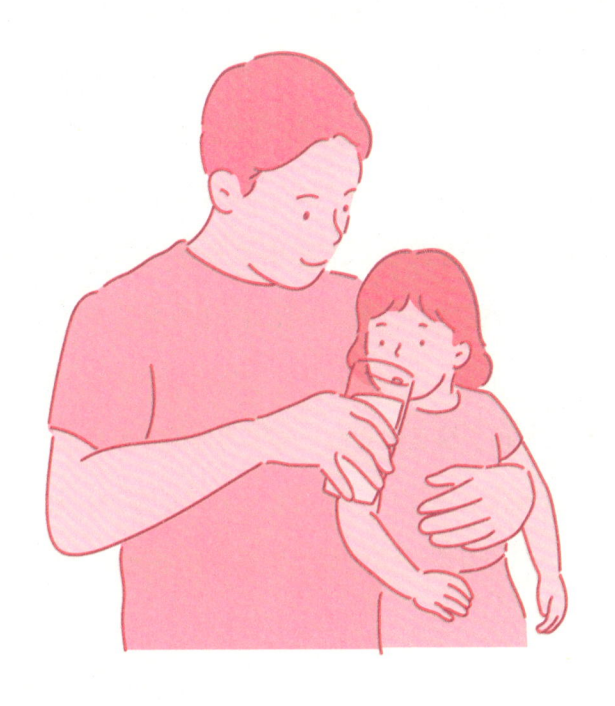

从小培养独立自主，摆脱依赖的习惯

《物种起源》的作者查尔斯·达尔文曾经说过："物种均有依赖症，以促其生长。如果人不是依赖环境，就会在情感上依赖另一个人。"可见，依赖是人的本性，但是如果依赖达到一定程度，人的独立自主的能力就会被吞噬。职员在公司习惯了按照管理者的命令行事，失去了指令，就失去了独立思考和判断的能力。恋人之间习惯了相互陪伴相互关怀，失去了这种关系，会很难适应一个人的孤独生活。人不可能时时刻刻依赖他人，因此独立自主的能力就显得尤为重要，大人如此，孩子也一样。

然而在现实生活中，越来越多的儿童过分依赖自己的父母，在情感上需要父母随时随地地关注，在生活上需要父母事无巨细地呵护和照料，例如为他们洗衣服、做饭、穿衣叠被等，从而失去了独立自主的能力。对中国1000名以上小学低年级学生的调查结果显示，自己的事情一件都不做的孩子占总人数的32%；仅自己穿衣服、刷牙洗脸，而不做其他事情的占百分之四十；上学由家长接送的比例高达96%。可见每个孩子都有不同程度的依赖心理，总有些事情是他们会做却要依赖父母去做的。

可能有些父母认为孩子缺乏独立性，是因为他们不懂事或是过于懒惰。其实，每个孩子都有极强的可塑性，也有独立自主的能力，只不过父母经常为孩子包办一切，孩子习惯了在父母的翅膀下躲避风雨，他们独立自主的能力就渐渐消失了。

孩子从一岁开始就有了独立意识的萌芽，他们喜欢模仿别人，看到大人干什么，自己就想干什么，例如看到大人直立行走，会扶着东西让自己站起来走路；看到妈妈扫地，也会去跟着干。尽管这个时候他们做得还不够好，但却是培养独立自主性的关键时期。在情感式引导教育中，引导教育孩子的独立性是非常重要的一个环节。当孩子想要为父母扫地、择菜、拿东西的时候，许多父母以他们太小做不好，或是容易受伤为由，一个人大包大揽了所有事情，剥夺了孩子独立自主性的权利。这时候应该让孩子参与到家庭卫生中，放手让孩子去干，否则很难改掉孩子的依赖性。

晓泉小的时候在父母身边一直过着衣来伸手饭来张口的生活。他还记得自己曾经想帮父母收拾家，刚一拿起抹布，妈妈便责令他赶快放下，别把衣服弄脏了。他想要洗自己的衣服，手还没伸进盆里，妈妈就大喊一声："不要动，别给我找事，你洗不干净。"后来，晓泉衣服脏了，就脱下来扔到盆里，等妈妈洗干净了再穿上。不仅如此，对于其他家务，他也两手一插什么都不做，就一直享受着父母全方位的照顾。等到他上高中，离开从小生活的城市一人到外地求学的时候，由于身边没有亲朋好友的陪伴，自己又什么事情都不会做，开始感到彷徨无助。

班上的同学穿脏了衣服都自己洗，而他因为从来没有干过家务，也不会洗衣服，就把从家里带来的所有干净衣服全都穿过一遍，实在没得穿了，就把脏衣服打包寄回家，让妈妈给他洗，洗干净晾干之后，再让父母送到或寄到学校。每次妈妈接到一大包快递的时候，周围邻居总是问她："你这是买的什么呀，这么大一包？"妈妈叹了口气说："都是孩子从外地寄来的衣服，让我给他洗的。"妈妈有时候在家里还跟爸爸抱怨："孩子都这么大了，怎么这点事情都做不好，太没有独立性了。"爸爸回道："还不都是你惯的。"

晓泉除了在生活上缺乏独立性外，在学习上也是如此。他上课很少举手发言，也不擅长独立分析和思考问题，每次老师点他名字回答问题时，他总显得不知所措。在家长会上，老师名批评晓泉独立自主性太差。

美国教育家罗伯特博士曾提出：现代教育有十大目标，其中最重要的便是独立性。这也是情感式引导教育中很重要的一点。孩子缺乏独立自主性，是父母没有及时引导和教育。父母在所有事情上提供帮助，让孩子们的这种能力渐渐退化，他们一旦离开父母，将很难适应一个人的生活。就像案例中的晓泉，如果他从小就在父母的引导下，学会做些力所能及的事情，可能在外地求学的那些日子里，会过得轻松一些。

独立自主能力十分重要，一个孩子在长大后要想做出一番成就，必须要有独立思考、独立选择、独立辨析的能力，并能自主地解决问题，而所有这一切，都建立在有独立自主能力的基础上。也只有具备这种能力，才能适应学习和生活中的各种挑战，跟上时代前进的步伐。

溺爱，绝对不是为了孩子好

爱子心切人之常情，但这种爱需要正确的方式、方法。如今，有许多家长什么家务都不让孩子做，只要孩子用功读书，所谓"两耳不闻窗外事，一心只读圣贤书"，结果导致孩子产生极强的依赖感，自理能力极度匮乏。有的孩子十七八岁了还不会洗衣服、不会打扫卫生、不会做饭，甚至连香葱、韭菜都分不清楚。

试想，如此缺乏自立、自理能力的孩子，将来又怎能独自立足于社会呢？又如何去独当一面成为领袖人物呢？看了艾森豪威尔的成长经历，相信为人父母的你能从中得到一些启示。千万别忘了教导和培养孩子最基本的生活能力，让他们能自食其力，因为爱不能代替孩子精神的独立。

艾森豪威尔的父亲半生不得志，后来才在一家煤气公司当上了经理。母亲则是一个虔诚的教徒。

父亲从来不溺爱孩子，父亲从孩子小的时候就注意培养他们做家务的能力，谁都不例外。严格的家规树立了孩子们良好的生活观和好的生活习惯。举例来说，孩子生活很规律，早晨六点准时起床，晚上九点准时睡觉。父母为此还创造出更多让孩子们劳动的机会。艾森豪威尔家旁边闲着一块地,每逢春季来临,父母就带着他们在那块空地上播撒菜种。等到秋季的时候,艾森豪威尔兄弟几个就把收获的菜运到城里贩卖,赚到的钱用来购买衣物和学习用具。

某年,艾森豪威尔的弟弟染上了猩红热,家里的事就更多了。妈妈将家里做饭的重任交给了艾森豪威尔。艾森豪威尔在此之前根本没下过厨艺,但是,他认为只要自己努力就能把饭做好。开始,在妈妈的指导下,他每天忙忙叨叨地勉强能把饭做熟,全家人对他的厨艺真是不敢恭维。但经过长期的不懈努力钻研,艾森豪威尔厨艺大增,全家人都很喜欢他做的菜。

中学时,艾森豪威尔有次和同学去郊游,他就负责给大家做饭吃。他烧的土豆、馅饼和牛排深受大家好评。大家为此感到十分意外!

我们很难将艾森豪威尔的"硬汉"形象和那些"婆婆妈妈"的琐碎事情联系起来。正所谓"穷人的孩子早当家"父母对他们年幼时培养的好习惯,真的让他受益终身。可以说,艾森豪威尔所经受的教育尤其值得中国大多数独生子女家庭借鉴。作为家长,当你的孩子凡事都依赖你时,不妨将艾森豪威尔事例说给他们听听!安逸的生活中造就不了杰出的人物,早点培养孩子的独立精神,就是在激发他们成功的潜质。

过度溺爱是情感式引导教育是一大禁忌,也是孩子成长过程中最温柔的陷阱。孩子的各方面能力一直得不到锻炼,他就失去了独立、自立的可能。总之,对孩子的爱要恰当,要把握好尺度。既要有博大无私的爱,更要有理智和冷静的爱。家长理智地爱孩子,培养孩子健康的人格和独立性,将使孩子受益终生。

溺爱孩子的结果只能是让孩子丧失独立精神,长大后没有自理能力。要真为孩子好,就不要对孩子继续娇惯下去了,理性爱孩子,引导他们锻

炼自己的独立能力。"淌自己汗，吃自己饭，自己事业自己干，靠天、靠人、靠祖宗，不算好汉。"这句话道出了为人处世的真理，也是我们这些望子成龙的家长们应好好领悟的道理。

培养独立思维，让孩子拥有自己的想法

情感式引导教育中所说的独立思考是积极主动的思考，具备新颖性、创新性的特点，这应该是每一个孩子必备的能力。那些不能独立思考的孩子，无论学习还是人际交往中，都会很吃亏。有的父母不想让孩子吃苦，任何事情都包办代替，不鼓励孩子去独立思考，最终导致孩子离不开父母，其独立思考能力也很差，时间长了，孩子还会形成性格脆弱的特点。这样的父母应该好好反思。

孩子拥有一定独立思考的能力是其思维发展的重要特征，一些孩子经常会无助地说"爸爸，我不知道怎么说""妈妈，你说我该怎么办""爸爸，你去替我做嘛"，在遇到困难的时候，本能地想依靠父母的帮助，帮助他们思考，帮助他们做判断。其实，父母完全可以通过日常生活中的具体问题，引导教育孩子的独立思考能力。

如如和苏苏是姐妹，如如大苏苏5岁。在如如小时候，家里的经济条件不是很好，爸爸妈妈平时忙于工作，很多家务活都是如如自己做。

如如8岁那年，家里迎来了第二个孩子：苏苏。在苏苏出生不久，爸爸妈妈的工作也逐渐走上了正轨，有了更多的时间照顾孩子。因此，苏苏可谓是"含着金汤勺"出生。从小，爸爸妈妈视她为掌上明珠，如如也很

照顾妹妹。因此，苏苏从幼儿园到小学毕业的这段时间，可以说是无忧无虑，在家长和姐姐的呵护下，苏苏在生活和学习上都很顺利。

渐渐地，苏苏小学毕业了，准备升入初中。在家长看来，苏苏从小聪明伶俐，而且小学时成绩很理想，上初中也会很优秀的。而且如如的成绩一直都很理想，如果苏苏在学习上遇到了什么困难，也可以找姐姐给她辅导学习。

可是苏苏上了初中以后，成绩却并不理想，而且在与同学相处、解决事情方面也显得很不成熟。在一次家长会上，苏苏的班主任和苏苏的家长进行了一次谈话。

班主任说："苏苏呀，很聪明，也很活泼可爱。可是在很多方面，孩子好像不会独立思考和处理事情。比如苏苏上课时发现忘记了带书，不会想着回家取书，或者向同学借书学习，而是什么都不做，坐在位子上。如果不是老师及时发现，帮苏苏从办公室借了一本书，苏苏可能一节课都听不好。"

爸爸说："我们家苏苏在家里是妹妹，上面有一个姐姐。平时，我和苏苏的妈妈，还有她姐姐都很照顾她。遇到事情一家人帮苏苏解决问题。我以前认为孩子大了，接触的事情多了自然能学会独立思考，学会寻找解决问题的办法。可是从孩子现在的表现来看，这种想法是错误的。"

班主任说："是啊，孩子在养成独立思考和解决问题的能力过程中需要家长的帮助。"

回到家后，爸爸仔细想了这些年对苏苏的教育，确实没有好好鼓励苏苏独立思考，主动寻找解决问题的方法，家长确实要改变一下对孩子的教育。

从上述案例中不难看出，如如和苏苏小时候的成长环境不同。如如小

时候，家里的条件更加艰苦些，自立能力更强，独立思考的能力也更突出；妹妹苏苏，则更加依赖家长和姐姐。

在现代社会中，很多家长都将孩子视为自己的心肝宝贝。有的家长甚至想着帮孩子解决生活和学习中的一切困难，让孩子的生活一帆风顺、事事如意。殊不知，"授人以鱼不如授人以渔"，家长与其帮助孩子解决问题，不如帮助孩子培养独立思考、解决问题的能力。这样不仅可以培养孩子的独立意识，而且可以让孩子在以后的人生中更好地生活。

思考就像播种一样，播种越勤，收获也就越丰。一个善于独立思考的孩子一定能品尝到清甜的果实，享受到丰收的喜悦。爱因斯坦说："学会独立思考和独立判断比获得知识更重要。"他还说："不下决心培养思考习惯的人，便失去了生活的最大乐趣。"父母要有意识地培养孩子独立思考的习惯，慢慢引导孩子主动去发现问题，继而独立思考问题，并在思考中解决问题。如果父母为孩子把什么都安排得十分妥帖周到，从来不鼓励孩子独立思考，这样下去就会渐渐地扼杀孩子的思考能力。

情感式引导教育中，培养孩子独立思考的能力可以从以下几点入手：

1. 创造思考的氛围

父母不能因为孩子太小、需要自己的照顾就自然地把孩子当成了附属品，并且通过各种方式来支配孩子的言行。其实，孩子也有自己的思考，他们也有自己的世界、自己的空间。若孩子有什么特别奇怪的想法，父母也要允许这些想法的存在，并积极加以引导，给孩子一个独立思考的机会。

父母可以与孩子一起逛动物园、科技馆，和孩子一起阅读故事书或者看电视，然后让孩子思考"你看到了什么""你听到了什么"，引导孩子思考事物本身之外的问题，并从思考中获得答案。

比如，有的父母通过朗读简单的故事来引导孩子思考问题，他们先让孩子读一篇故事，然后和孩子一起讨论，由此引发孩子联想出一连串问题。很快，这个孩子就表现出了远胜于同龄孩子的思考能力。

2. 让孩子学会独立思考

父母在与孩子的相处过程中，要以一种商量的口吻讨论，多留给孩子自己思考的空间，为孩子提供一个提出自己想法的机会。比如，父母可以依据谈话的内容向孩子适当提问"你觉得这是怎么样的""如果是你，你会怎么样去做""对这件事，你是怎么想的"。这样提出一些问题，引起孩子的思考，诱导孩子逐步展开思考。如果孩子长时间处于思考中，父母也不要着急，应该给孩子留足够多的思考时间，也不要急于把答案告诉他们。即便是孩子答错了，父母也不要横加指责，而是应该引导孩子独立思考，引导他们去发现和纠正自己的错误。

3. 鼓励孩子大胆发问

有人曾经问大哲学家穆尔谁是他最得意的学生，穆尔毫不犹豫地回答："是维特根斯坦。""为什么？""因为在我所有的学生中，只有他一个人在听我讲课的时候，老是露出迷茫的神色，老是有一大堆的问题。"后来，维特根斯坦的名气超过了罗素，当有人问罗素为什么会落伍时，穆尔坦率地说："因为他已经没有问题了。"由此可见，大胆的提问有多重要。

所以，鼓励提问是智力教育的一种重要方法。父母应该鼓励孩子大胆提问，他们问得越多，就越能刺激独立思考能力。

4. 多给孩子独立思考的机会

孔子说过："学而不思则罔。"这是学习与思考的关系，也说明了思考对于学习的重要性。好奇心是孩子的天性，他们会不断地发问"为什么"，这时候父母要正确引导，不要压抑孩子的好奇心，这样他们的求知欲就越来越旺，也激发了思考的欲望。

有的父母抱怨自己的孩子不喜欢动脑筋，不喜欢思考。其实这时候，父母应该问自己，在孩子的成长过程中，你有没有给孩子独立思考的机会？当孩子因为好奇心提出问题的时候，父母不要急于把正确答案直接告诉孩子，而是引导孩子积极探索，通过自己独立思考而获得答案，有意识地培养孩子独立思考的能力。

孩子做家务，在劳动中提高独立自主性

现代社会中，很多孩子都不喜欢做家务。出现这种情况的原因主要有以下几种。首先，孩子从小没有树立做家务的意识，认为做家务是家长的事情，没必要帮家长减轻负担，孩子没有树立自己在家里的主人翁意识。其次，孩子没有体会做家务的乐趣，认为做家务只会让自己更加累，是浪费自己的时间，没有认识到做家务对自己的重要作用。最后，孩子没有做家务的习惯。家长长时间不让孩子劳动，会让孩子习惯不劳动。

情感式引导教育中极力主张家长引导孩子多做家务，这样可以提高

第五章：不去束缚，让孩子拥有自己的天空

孩子的生活自理能力。通过做家务可以让孩子明白劳动的意义，增强孩子的实践能力。孩子能在生活中处理好自己的事情，在学习的时候就会更加井井有条，懂得如何去分配时间，完成学习任务，提高孩子在学习方面的自觉程度。孩子多做家务还可以缓解孩子的学习压力，提高学习效率，提升学习成绩。

周末大清早，妈妈就把小亮从被窝里拉了起来，小亮还没有睡醒，忍不住抱怨："每天早上都起那么早，周末还不能让我多睡会儿啊。"妈妈用手刮了刮小亮的小鼻子："哎哟，真是小懒猪，你忘记了，今天爸爸生日，昨晚你可答应我的，帮忙打扫屋子，然后买菜做饭，做一桌子好吃的等着爸爸回来。"听了妈妈的话，小亮把瞌睡虫都赶走了，眼里满是兴奋，一下子从床上爬起来，一边穿衣服一边唱歌。正在厨房准备早餐的妈妈大声喊道："亲爱的小亮，穿好衣服顺便把床单、被子整理一下，一会儿妈妈就省事了。"小亮记得妈妈教过的方法，他先在一边把床单、被子拉直，又到另外一面做了同样的动作，看起来床上就显得整齐了。他看了看扔在枕头下面的睡衣，想了想，又把睡衣拿出来折叠整齐，放在旁边的床头柜上。

吃了早餐，妈妈和小亮就忙碌了起来，拖地、擦桌子、整理东西。小亮一边擦桌子，一边好奇地问妈妈："平时我看这桌子都不脏，怎么现在看起来全是灰尘？"妈妈一边甩着胳膊，一边说："这就是看不见的垃圾，几乎每周都要来一次大扫除，把这些灰尘消灭干净，否则你睡觉的时候，那些空气里的灰尘、细菌就会钻进你的身体，破坏你的身体。""嗯，妈妈，以后每次大扫除我都要参加，我们把爸爸也拉进来。""可以呀，这样妈妈就轻松了，有了你们的帮忙，我就省事多了。"妈妈也很兴奋。

一般而言，当孩子在两三岁的时候，父母就可以慢慢教孩子做一些简单的事情，到 6 岁时，孩子就能基本自理了，再大一点就可以帮助父母做一些简单的家务了。"孩子才五六岁，让他做一些家务事合适吗？"有不少父母表达了对孩子做家务事的矛盾心理，既觉得应该从小锻炼孩子，让孩子做些家务活，又觉得孩子还比较小，不知道让孩子做些家务是否合适。其实，教育专家建议，应该从小就培养孩子做家务的意识。父母应该相信孩子会做好，放手让孩子做一些力所能及的家务活，比如，帮父母拿衣物、鞋子、小凳子。如果孩子有兴趣，也可以教孩子扫地、擦桌子、叠衣服等，培养孩子爱劳动的好习惯。而且，在做家务的过程中，孩子本身也会感受到乐趣。

综上所述，家长积极引导孩子从做家务中学会自理能力是必要的事情。孩子多做家务，可以引导孩子养成主动解决的好习惯，及时解决生活上的问题。孩子在做家务的过程中可以懂得如何去照顾自己，如何关心他人。孩子通过做家务可以更真实地体会家长养育自己的艰辛，从而更加孝顺家长。

情感式引导教育关于如何帮助孩子通过做家务来提高自理能力提出来以下几个方法：

1. 让孩子学会自我服务

有的父母认为孩子太小了，什么事情都做不了，在这样一种思想的影响下，他们将孩子的一切事情都包揽了，表面上是爱孩子，其实是害了孩子，因为总有一天孩子要脱离父母的庇护，展开翅膀自由飞翔。所以，父母要有意识地培养孩子独立生活的能力，让孩子知道自己的事情自己做。当孩子还小的时候，父母可以教孩子学会自己穿脱衣服、系鞋带、自己铺床叠被、自己洗脸洗手、自己收拾整理玩具学习用品。在这一过程中，父母要先示范，然后让孩子在父母的指导下练习，直到孩子会做为止。

2. 通过适当的鼓励或奖励让孩子爱上劳动

家长可以通过适当的方式引导孩子多做家务，让孩子养成做家务的习惯。有些孩子直到12岁了都没有做过家务，如果这时家长很突然地要求孩子做家务，孩子可能会不习惯，或者不会做家务。家长可以在孩子做家务的过程中给予适当的鼓励或奖励，让孩子爱上劳动，引导孩子发现其中的乐趣。例如，当孩子洗菜的时候，家长可以问问孩子如何才能把菜"变"干净？让孩子觉得把菜"变"干净的过程是充满乐趣的。总子让孩子开开心心做家务，并努力做得更好，让孩子在不知不觉中获得能力的提升。

3. 提高孩子的责任感

孩子不愿意做家务很多时候是自己没有做家务的意识，没有认识到做家务对自身发展的好处。家长应该让孩子知道：爸爸妈妈不能永远陪在孩子身边，孩子自己一定要学会独立。家长也要让孩子知道：作为家庭的一分子，爸妈妈有责任照顾孩子，孩子也有责任照顾家长，做家务是孩子照顾家长必要的一部分。树立孩子的主人翁意识，让孩子觉得家里需要他的一份付出，提高孩子的责任意识。

通过旅行，锻炼出孩子独立的自我

在情感式引导教育中，关于如何培养孩子独立性中，有一个很有效的方法——旅行。旅行是到一个全新的环境。面对未知的挑战，孩子可以从家长身上学会很多能力。孩子看着家长如何解决衣食住行的问题，如何与陌生人打交道，如何在一个新环境下面对不一样的环境。孩子可以切身体会旅行的意义，学会很多新能力，这是孩子很宝贵的经历。在旅行中，孩子可以减少对家长的依赖，旅行的环境对全家人都是一个新的环境，需要每一个人去适应。通过旅行，可以让孩子更快更好地走向独立。

乐乐和怡怡是邻居，两人同岁，是从小一起长大的好朋友。两个孩子的性格相近，爱好也差不多，关系很好。

也许是两家家长的工作性质不同，使得家长们在教育孩子的方式上有很大区别。乐乐的爸爸妈妈是运动员，平时喜欢运动，爱好广泛。因此，他们对孩子的教育方式便较为宽松，很少给孩子什么规定，在寒暑假期间常常带着孩子一起去旅游。生活中，也经常带着乐乐去离家不远的地方游玩。怡怡的爸爸是老师，妈妈是个作家。因此，怡怡家有一个很大的书房，爸爸妈妈都喜欢看书。平时，怡怡的家长都在家看书，很少出门，怡怡也很少出去玩。

渐渐地，孩子们都长大了。乐乐和怡怡也由小学升到了初中，而且两个人是同班同学。上初中以后，孩子们接触到更多新鲜的人和事，学习任务也变得重起来，在生活和学习上，对孩子的独立能力提出了更高的要求。这时候，两个孩子的差别便显现出来。乐乐的适应能力显然更强，初一时，不仅成绩在班里名列前茅，而且与同学们的关系也很好。乐乐处理事情的能力也让同学们很佩服。在班级选举班委时，同学们一致推选乐乐为班长。可是怡怡的初中生活并不尽如人意。怡怡的学习成绩不理想，而且平时在班里沉默寡言，很少与人沟通，自然也没有什么朋友。

自从上了初中以后，怡怡在爸爸妈妈看来也是一副郁郁寡欢的样子。一开始，家长认为初中的生活需要孩子慢慢适应，过段时间自然好了。可是初一即将结束了，也不见孩子有什么好转，爸爸妈妈心里开始着急起来：该如何培养孩子的独立能力啊？

怡怡的爸爸在了解孩子的情况后，与乐乐的情况进行了对比，觉得旅行对孩子的独立能力会有很大的帮助。可是现在没有那么多时间带孩子去旅行，妈妈提议可以给孩子讲名人的旅行故事。

于是，爸爸从图书馆买来一些名人旅行的书，例如古代著名的玄奘、徐霞客等，并给孩子讲述他们是如何去旅行，如何克服重重困难到达目的地的，并通过旅行来实现自我价值。提高认识境界的。在讲故事的过程中，家长也会给孩子讲述他们的伟大精神品质，鼓励孩子向他们学习。怡怡被这些有趣的故事深深吸引着，为他们不屈不挠的伟大品格所折服。子后，怡怡在生活中以那些伟人为榜样，改变了很多，变得更加独立。

从上述案例中两个孩子的表现可以看出来，独立能力对孩子的健康成长是非常重要的。独立能力强的孩子可以较快地适应环境并发挥自己的能力，独立能力不强的孩子往往感到很多事情不顺遂己意，自信心也会受到很大伤害。家长对孩子不同的教育方式，对孩子后天性格的影响也是很大的。乐乐的爸爸妈妈经常带着他旅行，无意中增强了孩子的独立能力。

有些家长可能会觉得：我经常带孩子出去玩啊，有时候去公园，有时候去郊游。这些外出活动只能说是旅游，旅行和旅游是不同的。旅行是观察身

边的景色和事物，行万里路，读万卷书。旅行可以使孩子锻炼身体、开阔视野、增加见识，让孩子在不断遇到新风景、解决新问题的过程中逐步培养自己的独立能力。

关于家长如何帮助孩子在旅行中走向独立方面，情感式引导教育列出了几下几种方法：

1. 给孩子讲名人故事

在古今中外的历史中，关于名人在旅行中一步步学会独立并实现自我价值的例子数不胜数，家长可以给孩子讲述关于名人旅行的故事。

在生活中，很多家长可能因为种种条件的限制无法带孩子去旅行。其实，给孩子讲述名人旅行故事也是一个很好的办法。这样不仅可以为孩子树立榜样，而且可以让孩子接受正确价值观的熏陶，培养孩子吃苦耐劳的精神。

2. 带孩子到离家比较近的地方游玩

俗话说："读万卷书，不如行万里路。"家长可以多带孩子在离家比较近的地方游玩，这样不仅不会花费家长和孩子太多的时间和精力，而且可以让孩子逐步培养独立意识。

家长带孩子在离家比较近的地方游玩，可以让孩子对一个地方进行深入了解，可以更加全面地锻炼孩子的能力。比如在自己家附近的公园里，家长可以在这个地方教孩子如何判断地形、搭建帐篷、利用星空识别基本天气情况等。让孩子在相对熟悉的环境中学会旅行的技能，一步步走向独立。

3. 鼓励孩子写旅行日记

在孩子旅行的过程中家长可以鼓励孩子养成写日记的习惯。让孩子把旅行的经历、得失、感受等记录下来。这样，孩子可以更加深入地思考旅行意义，而不是走马观花地参观一个地方，没有什么收获，再去下一个目的地。通过旅行日记，可以让孩子学会总结经验，把经历转化为自己的实际知识。家长也可以鼓励孩子说出自己旅行的感受，并把感受与其他小朋友分享。分享的过程也是锻炼孩子的交际能力与表达能力的过程。

孩子写旅行日记既是对生活的一种记录，也是知识的积累。写日记的过程可以让孩子深化记忆，主动思考更多与旅行有关的事情。

第六章

做个好听众
耐心地倾听孩子的每一句话

认真的倾听，不要把孩子的话当作耳旁风

人与人之间的沟通要讲究技巧，而最关键也最重要的技巧便是倾听。在情感式引导教育中，倾听是很重要且有效的方法，对良好的亲子关系的形成发挥着巨大的作用。

倾听是了解孩子心理的最好的方式，没有倾听，孩子就无法与你达成情感上的共鸣，继而影响亲子关系的良好发展。

人有两个耳朵，却只有一个嘴巴，目的就是让我们多听。但是父母在与孩子沟通的时候，总是很难做到少说多听。当孩子向父母倾诉什么事情的时候，没等孩子说完，父母就会大肆发表自己的看法和主张，他们认为这样做是为了尽快帮助孩子解决问题，实际上，父母不合时宜地打断孩子说话，不仅让他们失去倾诉的兴趣，也在他们心中埋下了不满的种子。

孩子在表达的时候，会希望父母成为他的忠实听众。自古以来，没有一个演说者在他激情演讲的时候愿意被人打扰。虽然孩子年龄还小，比不上演说家的高谈阔论，但他们也想完完整整地表达自己的想法，也想得到父母的理解与尊重。

一个人从孩童时代到长大成人这一路上，有百分之七八十的时间都在与人沟通，小时候需要与学生和老师沟通，长大了需要与同事、老板或者客户沟通，而要想确切了解对方的心思，倾听无疑是最便利的方式。父母在孩子一生的成长中，扮演着十分重要的角色，如果想拉近自己与孩子之间的距离，倾听就显得更为重要。因为听孩子讲话，父母可以从中发现孩子在一天中所发生的事情、孩子的心理活动等，然后再选择合适的方式帮孩子解决问题。如果父母不能把倾听当作沟通的一部分，那么孩子就会放弃向父母倾诉的意愿。

有个妈妈说，她在和女儿沟通时遇到了很大的问题，只要两人一开口说话，就会发生争吵，往往越吵越厉害，最终不欢而散。尽管这个妈妈变换了很多种方式与孩子交流，但还是难以达到良好的效果。

她找亲子专家咨询为何与孩子沟通会如此困难。亲子专家问她是怎么和孩子沟通的，她说："我很想与女儿好好沟通，但一点儿作用也没有。我每天都告诉她多吃点，穿得暖和点，到学校认真学习，多听老师的话，但她就是不接我的话茬儿，甚至都不想理我。"亲子专家从中了解到，这位母亲每天都会对孩子喋喋不休地说教，根本没有花心思倾听孩子的想法。虽然在沟通中说是一个方面，但没有听来配合也是不行的。亲子专家告诉她，沟通不是单方面的，而是双方的事情，如果一个人说，另一个人就要听，或者如果孩子说，父母也在说，两个人乱作一团，这些根本就不叫沟通。亲子专家问她："你愿意听孩子说话吗？"她回答："你的意思是说我要成为孩子的听众，专心听孩子说话吗？"专家说："对，就是这样。你要成为孩子的忠实听众，孩子才想跟你沟通。"

【你比任何玩具都让孩子着迷】

倾听是沟通的组成部分，也是沟通的开端。如果父母发现在亲子交流的过程中出现问题，一定要及时反省自己，想一想自己是不是在倾听环节中出现了问题。没有良好的倾听，就谈不上良好的交流，倾听好坏是亲子关系发展好坏很关键的一点。

有一段时间，凯凯再也不想开口和妈妈张华说话，如果没有重要的事情，他就一个人待在屋里写作业，到万不得已必须与妈妈交流的时候，他也不亲自当面跟妈妈说，而是以写字条的方式代替。

一次，凯凯的学校要举行春游，每个学生要交一百元的费用，凯凯不得不跟妈妈要钱，于是他写了一张小纸条，上边是："妈妈，请给我一百块钱，我们要去春游。"然后放到妈妈房间的梳妆台上。妈妈看到这张小纸条，心里无比酸楚。

一天，张华的好朋友蓝静到家中做客，无意间看到梳妆台上的小纸条，上边写着："妈妈，我今天和同学踢足球，晚点回来。"蓝静立刻意识到张华与儿子之间出现了问题。她赶忙问道："你和凯凯之间到底发生了什么事，为什么能说的话却要用写字条代替呢？"张华欲言又止，在蓝静的一再追问下才说出实情。原来很长一段时间，凯凯都没有跟妈妈说话了，只要有事，他就写在纸条上让妈妈看。现在张华手中攒了不少这样的纸条，只要一看，心里就难受，眼泪就不停地往下流。

蓝静看张华这样，心里也很难过，她想帮帮张华。一天，等凯凯放学，蓝静拿着他写给妈妈的纸条问道："是不是你妈妈做错了什么，你才不想跟她说话的？"凯凯终于敞开心扉："蓝阿姨，其实妈妈没有做错什么，只是我觉得没法跟她沟通。"蓝静问："你为什么会有这样的想法？"凯凯说："阿姨，我妈妈平时根本不让我说话，只要我想说什么，没说两三句她便立刻打断，然后就不停地说她那一套大道理。她总是不想听我说，我也就不愿和她说了。"

蓝静想，凯凯说的没错，他本来是想和妈妈说话的，可是妈妈根本不给他说话的机会，时间一长，他哪还有兴趣再说话啊。蓝静把凯凯的想法告诉了张华，张华决定从中吸取教训，改变和孩子的交流方式。

父母自认为爱孩子就要让他们明白自己的想法，并按照自己的要求去做；而孩子在接受父母意愿的同时，也想表达自己的想法。这时，父母应该给予足够的时间和机会，让孩子说，并认真倾听。如果一味打断孩子，只会招致孩子厌烦。有些时候，孩子对父母并没有看法，只是他们感觉父母不想听他们说话，于是就懒得说了。倘若父母将倾听当作有效的亲子沟通方式，在抚养与教育孩子的过程中，就可避免很多不必要的矛盾。

做个主动倾听者，与孩子心与心的交流

很多父母认为自己不够了解孩子，不能和孩子进行心与心的交流，他们有时也想帮孩子出谋划策，解决问题，成为孩子们的知心朋友，但却找不到合适的方法。

其实，孩子每天都会向父母传达信息，表示自己的喜怒哀乐，但有时候孩子的信息传递方式并非语言式的，父母却不知如何去面对。例如，当孩子在学校里遇到挫折心情不好的时候，回到家就会把这种不愉快的情绪挂在脸上。而父母看到孩子心事重重的样子，或是放之任之，或是以说教的方式转移他们的情绪，或是等孩子在迫不得已的情况下积极主动向父母倾诉，父母再为他们解决问题。这样一来，父母在亲子交谈中就成为被动的倾听者，长此以往，不但不能及时帮助孩子、引导孩子，还会产生亲子矛盾。

形形已经快 5 岁了，不管妈妈去什么地方，她都喜欢紧紧跟在妈妈屁股后面。一天妈妈想要到超市买点东西，为了方便，决定把形形留在家里和奶奶待在一起，于是对形形说道："宝贝，你和奶奶在家待着，妈妈去超市买东西，一会儿就回来。"可不管妈妈怎么说，形形就是不愿意，还不停地哭闹，边哭边说："不行，不行，我就要和妈妈一起去。"

妈妈很生气，她没有积极询问孩子的想法，只是对她说："形形，你太不懂事了！你知道吗，妈妈去超市有好多东西要买，回来的时候两只手都占着，没办法再牵你的手，所以不能带着你。"形形听后更是哭闹不止，嘴里一直说着："我要跟妈妈走，就要跟妈妈走。"妈妈越听越气愤，关上门自己走了。

一会儿邻居阿姨到家中串门，看到哭红了眼的彤彤，关心地问道："彤彤怎么了？为什么哭鼻子？"彤彤说："我妈妈走了。"阿姨问道："是不是不想让妈妈离开？"彤彤点点头，一把将旁边的布娃娃抱在怀里。邻居阿姨看到她的举动问道："你想妈妈的时候就想抱这个布娃娃是吗？"彤彤点点头。邻居阿姨继续问道："如果布娃娃离开了，你也会像想念妈妈一样，想念它是不是？"邻居阿姨非常了解彤彤似的帮彤彤打开了心结，彤彤停止了哭泣，放下了布娃娃，来到邻居阿姨身边和她愉快地交谈起来。

可是，当妈妈回来的时候，彤彤立马把头扭到一边，噘着小嘴又不高兴起来。妈妈还是没有积极询问孩子，又喋喋不休地说起自己的不满来。

大多数父母习惯了以劝说、安慰、说教、警告等方式展开谈话，在他们心里，要想让孩子得到改变，最好的方式就是阻止他们的内心想法，因为做孩子积极的倾听者让他们感到无所适从。情感式引导教育就是告诉家长，在亲子关系中，父母应该以积极的方式倾听孩子，父母的积极倾听能给孩子带来很多好处。

当父母表现出愿意倾听孩子的故事或是内心想法的时候，相当于打开了一扇与孩子进行心灵沟通的窗户。孩子感到父母的倾听意愿，内心受到鼓舞，就会更加坦诚地表达自己的想法，从而让心理压力得到释放。

积极倾听有助于拉近父母与孩子之间的关系，让孩子切身感受到来自父母的温暖。孩子一旦发现父母愿意倾听并感受到他们的理解和认同时，会得到极大的满足感。当这种满足的信息反馈给父母的时候，父母与孩子之间会产生心理共鸣，使双方的关系更加亲近。

一天，小琪放学回家后，只是跟妈妈打了声招呼，就直接进了自己的房间并关上了门。妈妈觉得她很反常，就走到小琪房间，看见她正无精打

采地做着作业。妈妈关心地问道:"小琪,你是身体不舒服吗?"小琪说:"不是的。"妈妈又问:"那是因为在学校里发生了什么事情吗?"小琪又说:"什么也没发生。"然后继续翻书写她的作业。

妈妈觉得小琪有心事,于是继续说道:"小琪,你有什么事情就跟妈妈说一下,说不定妈妈有办法呢。"小琪抬头看了看妈妈,说道:"真的吗,妈妈?难道你真的有办法帮助我?"妈妈说:"你可不要忘了,妈妈是聪明的'智多星',很多事情到妈妈手里,一下就变得简单了。"妈妈说得很轻松,小琪听了似乎受到鼓舞,一下子将心事倒了出来:"今天我们班有个同学过生日,她邀请我和其他同学去参加她的生日聚会。我很想去,可是作业实在是太多了,怎么都做不完,即使一会儿做完了,时间太晚,也来不及参加了。"

妈妈看到小琪一脸失望的表情,马上说:"小琪,妈妈想了个好办法,你现在先尽全力写作业,一会儿妈妈叫辆出租车送你过去。"小琪脸上立马露出欣喜的表情,高兴地说:"妈妈,真的吗?你真的会打车送我过去?"妈妈说:"当然了,我也希望你能为同学庆祝生日呢。"小琪大声说道:"谢谢妈妈。"然后就认真地写起作业来。现在,她已经不再是一进家门就垂头丧气、忧心忡忡的小琪了。

结束同学的生日聚会回到家,小琪意犹未尽,她兴奋地向妈妈讲述了聚会上发生的高兴事,妈妈认真倾听,和她一起笑,母女二人都十分开心。

引导孩子说出心事比让他们独立思考更能帮助孩子。当孩子在父母的积极倾听下说出自己的心事,并在父母循循善诱的指导下解决问题,或者他们在倾诉一番后打开了心结,当初看似很棘手的问题自然而然就解决了。

孩子为何有时不愿诉说，是因为父母没有表现出想要倾听的意愿。父母要想对孩子进行深入而全面的了解，就不应成为被动倾听者，而应变身积极的倾听者。当孩子有心事，父母首先要倾听孩子说话，这样一来，孩子更善于敞开心扉，畅所欲言。当孩子不愿向你倾诉，或是表现出对你排斥，很可能是你没有在倾听时表现出积极的一面。只有主动倾听，认真帮助孩子找到问题所在，才能帮助孩子真正解决问题，渡过难关，从而赢得孩子的信任。

打开聆听渠道，让孩子多讲讲学校的事儿

很多家长也明白情感式引导教育的重要性，希望多和孩子沟通，多认真倾听孩子说话，但却无从下手，不知道如何打开倾听的渠道。这时候，不妨让孩子多讲讲学校的事情，让孩子讲讲每天学校有趣的事或烦心事，并适时地对孩子的话给以积极回应，并给出自己的意见和建议。

这样的情感式引导教育会使孩子说出他的想法，说出他的健康人格，说出他的良好的口才。

每天引导孩子讲讲身边的小事，说话者是孩子，似乎不用费什么"力气"，但是父母还要做好以下几点。

1. 耐心听孩子说话

对于父母来说，耐心听孩子说话其实是一门艺术，而有时候仅只是听，就表明了家长的态度："你的说话很重要，爸爸妈妈喜欢听。"在日常

生活中，父母不仅要学会用耳朵听，而且还要学会用眼睛"听"，要睁大眼睛看着说话的孩子，让孩子知道父母是尊重他的，以增加孩子表达自己想法的勇气。

2. 对孩子的话感兴趣

父母要对孩子想说的话表示出很大的兴趣和十分认真的态度，这会使孩子对父母产生亲近感。父母可用肢体语言，即面部表情、身体姿态，如靠近孩子，与孩子表情"共振"和口头语言；如一边听着孩子讲话，一边频频点头说"是吗？"表示关注，表示"你说的我都明白了"的意思。孩子一旦认为自己讲的话被父母接受了，就会对说话产生自信和对父母产生信任。

3. 站在孩子的角度去理解孩子的内心

父母应站在孩子的角度，理解孩子的思维方式，引导他们正确地区分和表达。孩子的心是纯真的，孩子的眼睛是纯洁无瑕的，他们以自己的方式体验和成长。父母应该理解孩子，而不要给他们当头棒喝，不要急着去责备，学着用孩子的思维方式去思考问题，才能更走近孩子的心灵。

4. 允许孩子提出不同的意思

孩子有时候想象力丰富，会提出许多迥异于大人的"意见"。这个时候，父母对于孩子大胆的想法要予以肯定和鼓励，给孩子创造一个自由、宽松的语言表达环境。

明明的爸爸妈妈非常提倡"赏识教育"。所谓"赏识教育"，就是很少对孩子说这个"不行",那个"不准";这个"不要",那个"不对"。他们认为这样才能使孩子想象力得到开发,个性得到发展,人格得到健全。当然孩子也会有自信地说出自己的意见和想法。

一天妈妈正在包饺子,5岁的明明坐在小凳子上看着大人手里的面团,忽然提了一个问题:"妈妈。你知道星星是从哪里来的吗?"

明明爸爸用科学解释道:"星星有许多种,有的是恒星,有的是行星,有的看起来是一颗,其实是星云……是宇宙大爆炸后形成的……"

对于爸爸的解释,明明当然听不懂。妈妈鼓励明明自己想想看,看看能否找到比爸爸更好的答案。

明明看着妈妈揉面的动作:揉面、揪面团、擀面皮、包饺子……

过了好一会儿,明明突然说:"妈妈,我知道星星是怎样做出来的啦!是用做月亮剩下的东西做的。"

妈妈听了明明的话先是愣了一下,然后特激动地抱着明明说:"宝贝,你是怎么想到的,妈妈可想不出来。"

明明的这种突发奇想,听起来很幼稚,但他却是很认真的。他不拘泥于爸爸给的答案,利用自己的想象,说出了自己的意见。如果明明爸爸妈妈不引导他自己想象,他会有自己的答案吗?

在日常的生活中,父母应该处处意识到培养孩子自主思考能力的重要性,培养他的求异思维、发散思维和逆向思维,鼓励孩子与众不同、标新立异和突发奇想,要孩子拥有属于自己的想法。只有这样,才能使孩子没有压抑感,敢于张扬自我;平心静气,坦然接受失败和错误,并将其转化为成功的基石。这一切将为孩子打造一个健康的心灵,使他成为一个"抬起头来走路"的自尊、自信的人。

倾听孩子说话时，最忌讳保持沉默

很多父母看完我们上述告之的情感式引导教育后，也开始尝试倾听孩子说话。但有些父母在倾听孩子说话时，始终保持沉默，不给孩子回应。这样做没有打断孩子说话，却比打断更让孩子觉得难以忍受。孩子会从父母的沉默中感受到冷漠，他们会认为父母对他们说的事情完全不关心，时间一长就会失去倾诉兴趣。

孩子因为年龄小，想法和行为是直接联系在一起的。心里想着什么，在行为上就会表现出来。他们在倾诉时如果感受到父母的关注，会更愿意与父母沟通和交流；如果感受不到父母的回应，也会做出某种抵抗性的行为。

今天艾克很高兴，他看到爸爸坐在沙发上看报纸，便兴冲冲地跑过去对爸爸说："爸爸，你知道吗？今天我和明杰赛跑，结果我跑赢了他。"爸爸点点头，眼睛一直盯着报纸。艾克问："爸爸，你听到我说话了吗？"爸爸回答："听着呢，你接着说。"眼睛仍然盯在报纸上。其实明杰被公认为快跑健将，艾克为跑赢他深感自豪。他接着对爸爸说："他们说我跑不过明杰，还嘲笑我，爸爸你在听吗？"艾克等待了两三秒钟，爸爸才回应道："你说的每个字我都听到了。"但爸爸仍然不舍得放下报纸。艾克很生气，于是大声吼道："你根本没听！"爸爸说："我可以一边看报纸一边听的，你继续说啊。"艾克认为爸爸根本不想听自己说话，他气愤到了极点，哼了一声就怒气冲冲地回到自己的房间，还使劲关上了房门。

倾听并不是简单地接收信息。在孩子倾诉的时候，父母必须要参与其中，积极给予孩子回应，让孩子知道父母在意他们所说的话，从中找到自尊并获得满足，唯有如此孩子才更愿意进一步向父母倾诉。有时候孩子不愿与父母交流，父母将错误归咎于孩子，认为孩子叛逆、不听话等，却不知是自己犯了交流上的禁忌。父母在倾听时，不能只让孩子说，而自己没有反应。说话只有像打乒乓球一样，你打过来，我打回去，话题才能顺利进行。

琪琪参加完学校举办的夏令营活动后，兴致勃勃地与妈妈分享旅途中发生的美好事情。她先将照片全部上传到电脑上，然后指着照片一一为妈妈讲解。"妈妈，你看这张，是我吃饭时候照的，你知道发生了什么事吗？"琪琪问。妈妈说："怎么了？""这个是小雨，他出了很大的洋相。"琪琪说完笑了。妈妈问："真的吗？"琪琪说："是啊，他帮我们拿饭盒盛饭，由于一次拿得太多看不到地面，一不小心被绊倒了，饭盒'咣当'一声都掉到了地上，勺子筷子也被甩了出来，太好笑了。"妈妈赶忙在一旁回应道："呵呵，这个小雨平时就爱说笑，真是太好玩了。""是啊，后来到了开饭时间，大家聚在一起吃饭，只有小雨盯着饭盒没有吃。"琪琪笑着说。"啊？他为什么不吃？"妈妈问。"因为他找不到勺子了，不知道该用什么吃饭。"琪琪说完更是笑得合不拢嘴。"然后呢？他不会用手吃吧？"妈妈问。"哈哈，他正是这么想的。正当他鼓足勇气准备下手抓饭的时候，老师给他送来一把勺子。妈妈你看，小雨的手都伸到了饭盒里，马上就要抓到饭了，还好有了勺子，否则他那手就没法看了！"琪琪说完笑得前仰后合，看样子，这次夏令营活动让她非常愉快。妈妈赶忙附和道："是啊，还好老师给了他一把勺子。真是太有意思了。你拍得很不错啊。"琪琪听到妈妈称赞了

她的拍照技术，更加开心，继续向妈妈讲述其他照片背后的故事。

琪琪向妈妈讲述夏令营发生的趣事，每当说完一句话，妈妈都会很自然地给予回应，或是做出肯定回答，才激发起琪琪更大的讲述欲望。如果妈妈在琪琪讲述的时候，只是放任她自由畅谈，而不做任何回应和补充，琪琪就不会与妈妈分享更多好玩的故事。由此看来，孩子在倾诉时，父母的及时反馈是十分重要的。

孩子有好的感受，就会有好的行为，父母给予孩子回应，让他们从心里感受到父母的关注和在乎，他们就会更愿意向父母倾诉。父母在回应孩子的时候，切记不要心不在焉，对孩子敷衍了事，也不要过多地提问和给予建议，更不要否定孩子的感受，尽量用"是吗""嗯""真的吗""是这样的啊"等表达关心的话语回应他们的感受，这样孩子就能在倾诉的过程中，整理自己的思路，更加轻松自如地与父母交流。

无论多幼稚的意见，都鼓励孩子大声说出来

法国教育家洛克曾经这样说过："在让孩子大声说出自己想法的过程中，他们的个性得以张扬，心灵得到了放飞，思想得到了解放，自主意识得到了加强。只要给孩子大声说话的机会，就会还他们以自尊与自信。"在孩子年幼时，鼓励孩子说出自己内心的想法和表达自己的情绪，不仅仅能提升孩子的自信心、自尊心，还能在亲子沟通中提升他的说话能力、讲话水平，特别是对于一些不爱自我表达的孩子，鼓励他主动说出心里的想法，更是对其说话的胆量、语言的表达进行的有效锤炼。

在现实生活中，会听到很多父母这样抱怨："孩子们怎么这么叛逆，

不知道他们在想什么，总不肯告诉我他们内心的真实想法。"有这种想法的父母，可能由于忙得顾不上孩子，也有可能没耐心听孩子说话，没有给孩子表达内心真实想法的机会，以至于孩子不愿意再向父母倾诉自己的心声。

铭铭一大早起来，还没顾得及穿衣洗漱，就朝妈妈兴奋地说："妈妈，昨晚我做了一个好奇怪的梦，梦见我们在山上，我感到好……"铭铭还没说完，忙着做早饭的妈妈就打断道："别说啦！赶紧去洗漱完好吃早饭！否则就又迟到了！"铭铭听后嘟囔着很不情愿地洗漱去了。

在放学的路上，铭铭想起早上和妈妈没说完的那个梦，又对妈妈说："妈妈，今天早上我和你说的那个梦，可真有意思！"

妈妈哪有时间和心思听铭铭说他的梦，赶紧制止铭铭："放学路上人多，我们赶紧回去，免得又堵车堵在路上了！"铭铭非要讲出他的梦："我们边走边讲好不好，妈妈？"妈妈听后不耐烦地拉着他的小手就走，说道："一个梦，有什么好讲的！你看你今天作业也没好好写，老师都批评你了。今天赶紧回去认真写作业去！"欲言又止的铭铭，想说的话几次被妈妈堵回去了，心里感觉很不是滋味。妈妈没有想到，铭铭想和妈妈分享梦中的他有多快乐啊！

渐渐地，妈妈发现以前总是缠着她说话的铭铭不爱对她说话了，有时候在外面还是兴高采烈，回到家却什么也不说。对自己的许多话，铭铭总当耳旁风。这令铭铭妈妈非常不安。

铭铭妈妈在一个偶然的机会，看到邻居家的家长凡是与孩子有关的事情，都会征询孩子的意见，鼓励孩子说出自己的想法，意识到自己老是让铭铭把话语憋回去，已经打击了孩子说话的积极性，造成了

铭铭现在在家不爱说话的后果。妈妈知道只有多鼓励孩子表达自己内心的想法，才能既融洽亲子关系，又能锻炼孩子的语言表达能力和思考能力。

铭铭妈妈和爸爸商量后，决定以后重视孩子的话语权，想办法倾听孩子说话，改变这种现状。

恰好，最近家里准备改善一下居住环境，想换一套大房子。虽然已经看好了房子，但妈妈决定通过这件事情慢慢激发孩子说话受到重视的心理，于是主动问铭铭的想法。铭铭在听完爸妈介绍后，着急地说："爸爸妈妈，我说我的想法，你会听我说完吗？"

"当然。""我不想换到那个地方去，那里离学校远，上学要坐好远的车。我是班长，不想迟到。还有，在这里住的话，晚上还可以和朋友打一会儿球。"爸爸妈妈觉得铭铭的话有道理，表扬了铭铭，最后放弃了搬家的计划。铭铭见爸爸妈妈如此重视自己的意见，也很高兴。从此，铭铭慢慢恢复了往日的活跃，家庭再次打开了亲子沟通的大门。

孩子是很单纯的，甚至是很幼稚的。所以，很多父母在面对孩子天真、可笑的想法时，没耐心去倾听，有时甚至打断孩子的想法，板起面孔强迫孩子把话"憋"回去。时间长了，就会损伤孩子的自尊心，引起孩子内心的不满。最后的结局就是孩子同父母沟通的"亲子桥梁"坍塌。案例中的铭铭有多么想和妈妈说他的梦，向妈妈倾诉内心的感受，但却遭到冷淡回应与拒绝。铭铭妈妈在受到邻居育儿启示之前，显然没有意识到，倾听孩子诉说自己内心的想法，分享孩子内心的故事对建立良好的亲子沟通是有多么重要。

不认真倾听孩子说话，甚至打断孩子说话，抑制孩子表达内心的想法，不仅使孩子与父母的关系逐渐变得淡漠，产生对抗情绪，造成沟通困难，还会打击孩子说话的积极性，影响孩子的语言表达能力和性格发展。

所以，无论孩子的意见如何幼稚，父母都应认真倾听，并加以鼓励。父母还可故意提出不同意见与孩子进行讨论。当孩子反驳父母的意见时，父母亦应予以鼓励。如果孩子的想法不对，父母可以认真倾听之后加以纠正。父母有了这种态度，才能培养出具有思维能力，具有表达信心和良好表达能力的孩子。

第七章

孩子不是温室的花朵
挫折是成长最好的土壤

【你比任何玩具都让孩子着迷】

坚强的意志，都是在挫折中磨炼而出

对孩子进行情感式引导教育，是希望孩子能有健康、快乐的童年。我们在前面六章讲的情感式引导教育，重点放在如何站在孩子角度给予孩子理解、给予他们包容，成为孩子的知心朋友，陪他们一同成长。但仅有正面的鼓励和情感引导是不够的。若是把孩子当作温室的花朵那样呵护，遇到一点点挫折，就会无法承受，内心坍塌。因此，这章我们要讲述情感式引导教育的另一点——培养孩子抗挫折的能力。

孩子在成长的道路上需要一些挫折，事实上也总会遭遇挫折。例如：踢球比赛输了，力气没有同学大，游戏打的没同学厉害……这些小挫折本来没有什么大不了的，它们是孩子成长和学习最好的课堂，可以让孩子变得更加坚强、勇敢，并且养成不怕失败、坚忍不拔的顽强意志。

然而，很多父母却不忍心孩子遭受挫折，更不忍心让孩子遭遇失败。孩子遇到困难了，他们立即帮孩子解决；尽量为孩子铺平道路，为孩子排出一切障碍；给予孩子的永远是夸奖和掌声……直到孩子长大成人，还没有品尝过挫折的滋味。

可是，这些父母不知道的是，任何事情都需要靠自己的努力，如果父母一味地溺爱孩子，为他们铺平所有的道路，那么将来孩子很难自食其力。而且，没有谁的人生是一帆风顺的，难免会遇到这样那样的挫折和失败。如果孩子走惯了平坦的路，听惯了顺心的话，将来就承受不了任何挫折。一旦在将来遭遇挫折，孩子就会轻易地被彻底击垮，从此再也站不起来。

要不然，我们怎么会时常看到这样的报道：某某高中生一直都是一帆风顺的，学习非常优秀，可高考却因为某种原因失利了。于是，无法承受失败和压力的孩子彻底被打败，从此一蹶不振，甚至产生了自杀的念头。

所以，在孩子的成长过程中，父母们应该对他们进行挫折教育，让他们在失败和挫折中学到本领，增强勇气和抗挫能力。

小民是一个非常优秀的孩子，学习成绩很好，每次考试都是班级的前几名，而且在美术上非常有天赋，作品多次在市里的少儿绘画比赛中获得金奖。可以说，小民就是老师和家长们口中"别人家的孩子"。不管是在生活还是学习中都表现出色，他收到了无数的鲜花和掌声。

然而，听惯了掌声和顺耳的话，做惯了顺心的事情，走惯了平坦的道路，小民难免有些飘飘然起来，还形成了骄傲和自满的情绪。小民的父母意识到，如果孩子始终如此顺心，没有受到过一点儿挫折教育，一旦遇到了困难和挫折，就很容易变得不习惯，导致情绪紧张、消极、低沉，甚至因为承受不住打击而自暴自弃。

明白了这些，小民的父母开始对孩子进行挫折教育，适当地给孩子增加一些遭遇挫折的机会。小民的美术功底是非常不错的，可是并没有达到

专业的高水准。所以，小民妈妈帮助他报名参加了几次专业的绘画比赛。这几次，小民不仅没能获得金奖，甚至连名次都没有。

开始的时候，小民感到非常伤心和难过，有些接受不了自己的失败。妈妈对他说："虽然你获得了很多次金奖，可是你要知道，你的水平和专业画家还是有很大差距的。不过，这样的失败并没有什么大不了的，只要你继续努力，一定可以更出色。"

慢慢地，小民的抗挫能力得到了提高。为了提高自己的绘画水平，他多次参加全国性的比赛，并且时常向比自己优秀的人学习。

小民妈妈还特意带着孩子拜访了一位北京的同学，这位同学的孩子比小民更优秀，是去年北京市的中考理科状元，已经被最出色的重点高中录取。

在做客的时候，小民妈妈让小民见识了那个孩子所获得的奖状以及各种比赛的证书。回到家之后，小民就郁闷了，他对妈妈说："妈妈，我今天才知道什么是'人外有人、天外有天'。那个哥哥实在是太厉害了！如果我们在一个城市、一个学校，我肯定不能超越他。"

妈妈笑着说："对啊！那个孩子真的非常优秀！不过，你也不差！只要你不炫耀自己，努力地学习，肯定能超越他的！更重要的是，你要知道，如果你没有敢于应对失败的心，那么就永远也无法真的成功。"

可以说，小民的妈妈是一个懂得情感式引导教育的家长，且用心良苦。她有意识地设置一些困难和障碍，培养小民良好的心态和承受挫折的能力。

当然，父母也应该明确这一点：对孩子进行挫折教育的时候，切不可过分地打击孩子的自信心，更不能给孩子制造太大的障碍。否则，孩子极可能情绪更加低落，失去自信心和勇气。同时，当孩子遭遇挫折的时候，父母要多鼓励、肯定，让孩子摆脱失望、伤心等不良情绪。

从小让孩子明白，赚钱并非那么容易

对孩子进行情感式引导教育，实践有时比理论更重要。例如，勤俭节约的习惯好，你每天告诉孩子"爸妈赚钱不易，你要学会勤俭"，这对于孩子只会是一句唠叨，听多了还会厌烦。若让孩子直接体验赚钱的艰辛，则效果完全不一样，他们才会真正明白赚钱是多么不易的一件事情。

曾看到过一篇小学生写的作文，文中写了他洗车的经历，很值得一读：

老师给我们布置了一项寒假作业：靠自己的劳动获取五块钱的酬劳。我还愁用什么方法挣这五块钱的时候，突然在父母聊天的内容中得知，因为快过春节的缘故，洗车的费用比平时贵了一倍，现在三十元。真是踏破铁鞋无觅处，得来全不费工夫。我自告奋勇地说："爸爸，我洗车只收你十元钱，价格公道吧？"车可是爸爸的命根子，他用疑惑的目光看着我。但在我的几番攻势后，爸爸终于答应让我洗车了。

我做事从不拖拉，马上找来了水桶、毛巾、手套，把湿毛巾拧干后用力地擦着车门。一下，两下……为了让老爸这个客户能够满意，我使出浑身解数，认真地擦着每一个角落。但我越是卖力，车门就越擦越脏。站在一旁的老爸已经对我无可奈何了，我就当什么也没发生过，依然我行我素地擦着。

真是天公不作美，越冷老天爷越是要下雪。我已经被冻得通红的小脸蛋上落满了雪花，雪花融化后打湿了我的衣服，慢慢地外面的衣服冻成了硬纸壳，而内衣却被汗水浸湿。费了半天劲一扇车门还没擦完，我真后悔做这个决定，但我不能做那种言而无信的事情，一定要坚持把这项工作做

完。雪漫天飞舞着，不一会儿，已经有一层薄薄的冰冻在了车身上。我小小的身躯在风雪交加中围着汽车转来转去。

这车擦得连我自己都看不下去了，爸爸终于忍不住了，叫停了这项任务……

虽然我没能完成这项工作，但爸爸还是支付了那10元钱的酬劳。当爸爸将钱放在我手中时，我的眼眶里饱含着热泪。我这时才发现：看起来简单的事情，做起来并不简单；回报是建立在辛苦劳动的基础上。

"赚钱"是要付出无数滴汗珠，孩子只有明白了赚钱的不容易，才能体会到生活的幸福，也就会倍加珍惜。家长在爱孩子的同时，不妨有意识地让孩子吃点苦，这样更加有利于孩子成长。

在欧美发达地区，家庭越是富裕，就越会培养孩子参与到一些家务中来，以此达到培养孩子独立做事的目的。

据调查发现，美国孩子每周有五小时的家务要做。实际上，让孩子参与家务劳动并不是浪费时间的事情，通过做家务的实践，孩子反而会从中学到很多经验。因为看似容易做的家务，实则包含了很多小细节。

美国父母会在每年的四月利用一天闲暇的时间，带上自己的孩子去自己工作的地方让孩子看看自己辛苦工作的情景，以此来让孩子明白劳动的价值观。

瑞士人提倡小学生"挣钱"体验生活。瑞士的小学里专门开设了一些打工赚钱的实践课程，以此让孩子在实践中体验到赚钱的不易。除此之外，学校还会定期组织模拟市场，让同学们从家长那儿"进货"，当然，这些"货"无非是一些吃吃喝喝的小玩意儿，然后孩子就把这些东西拿到学校的模拟市场来交易。露营、参观等活动的经费就来自孩子卖"货"所赚的钱。等到节假日的时候，你就会看到瑞士的一些街道和集市上有很多中小学生在拿着自制的工艺品和小食品叫卖，大多数人都会支持学生这样的行为。这是勤工俭学，也是体验生活。瑞士的孩子从小就被父母灌输了这种自食其力的思想。

据某媒体报道，某8岁富二代通过在街头卖艺赚得的钱全部捐献给山里的孩子。他的父亲要孩子体味生活的艰辛。男孩儿在街上拉琴，父亲在距离十多米的地方关注他所做的一切。7月已经是炎炎夏日，孩子每天要独自背负十几斤的装备上街卖艺表演，这是十分辛苦的。孩子因为这些伤心难过了好几次，但父亲并没有因此而让他停止卖艺，孩子只能继续站在那里拉琴。

一般人认为，富二代享受安逸生活是天经地义的事情，因为人的本性就是追求安逸，贪图享受也在所难免，何况是富家子弟。但这位父亲并没有因为富有而让孩子安逸舒适地生活，却反其道而行之，主动让孩子体会生活的艰辛。这种举动值得我们每一位家长深思、效仿。

人活着是一个奇迹，在这个奇迹的背后是人们日复一日地辛勤劳动。钱是一分一分赚出来的，可以说，每一分钱都饱含着人们的汗水。

为了孩子将来能在社会上生存，并有所作为，请不要把孩子天天泡在蜜罐里。要让孩子早一天明白生存的艰难，挣钱的艰辛，只有这样，孩子才能用自己的双手创造幸福，做一个自强自立的人。

孩子没有那么脆弱，他们不是"易碎品"

孩子天性爱动，喜欢活蹦乱跳，对未知的事物又充满好奇心。很多父母对于孩子上述特点不是开心而是担心，担心孩子磕着碰着。因此，稍微有点"危险"的东西都不让孩子玩，给予他们全方位无微不至的保护。有

些父母对于孩子的保护简直应了那句老话："含在嘴里怕化了，捧在手里怕摔了。"

他们把孩子当成一触即化的"糖"或者一碰即碎的"玻璃"，孩子想要自己倒水的时候，他们立即跑过去，小心翼翼地说："乖孩子，快把水放下，不要把自己烫到。"孩子在公园中和伙伴们追逐的时候，他们也会急匆匆地大声喊道："宝贝，不要到处乱跑，要是摔倒了就糟糕了"……

等到孩子十几岁的时候，他们仍把孩子保护在自己的保护伞之下，不放心孩子一个人伤心，不放心孩子和小朋友一起去春游……

结果，这样的孩子被父母保护得太好了，经不住任何的风雨吹打。他们真的就像是易化的"糖"或者易碎的"玻璃"一样，一旦遭遇些许的挫折和困难，就会遍体鳞伤。

松松已经是一名小学生了，老师发现，这个孩子和其他孩子有很大的区别。简单来说，就是动手能力和自理能力非常差。

课间时间，老师让同学们把书包收拾好，课桌上只留下下堂课需要的课本，其他东西都放进书包里。其他同学几分钟就做好了，把书包整理得整整齐齐，可是松松却坐在那里一动不动。老师询问之后才知道，松松妈妈从来不让孩子做这些，他根本不知道怎么做。

体育课上，体育老师让孩子学习跳绳和跑步，其他同学都高兴地运动起来，可松松依旧站在那里不动。当老师问他缘由的时候，他竟然给出了令老师哭笑不得的答案："老师，我妈妈告诉我不能乱跑乱跳，否则摔倒了会很疼的！"

事实确实如此，松松妈妈平时对孩子是百般呵护，简直就是"含在嘴里怕化了，捧在手里怕摔了"。松松蹒跚学步时，妈妈在一旁小心翼翼地守护着，一旦孩子摔倒了，她就立即扶起孩子，心疼得又哄又揉。之后，妈妈对于孩子的所有行动就更在意了，不让攀高，不让跑跳，更不让他自己动手做任何事情。

所以，松松都已经七周岁了，自理能力非常差，胆子也非常小。更令老师担心是，这孩子内心非常脆弱，具有非常严重的"蛋壳心理"。

一天，老师看到松松一个人待在楼道里，脸上还挂着泪痕。老师轻轻地走过去，语气和蔼地问道："松松，你怎么在这里站着？现在已经上课了，你为什么不回去上课呢？"

谁知见到老师来了，松松的眼泪竟然流得更多了。他一边哭一边说："老师，我想回家，想要找妈妈！"

老师耐心地问道："发生了什么事情吗？你可以和老师说说看！现在你已经是小学生了，已经长大了，不能一遇到事情就找妈妈！"

松松看了看老师，断断续续地说："有几个同学……他们欺负我……他们不愿意和我一起玩儿……"

经过了解，老师才知道事情的来龙去脉。原来这几个男生比较活泼、好动，时常在一起追追跑跑的，很少和松松在一起玩。课间的时候，松松见一个男生拿出了一个非常漂亮的转笔刀，就小心翼翼地说："你这个转笔刀真漂亮，能让我看看吗？"

那个男生调皮地说："你妈妈让你玩刀子吗？难道你就不怕受伤吗？"说完，他就和几个男生一起哈哈大笑起来，然后跑到操场疯玩去了。这下，松松感到万分委屈，就躲到楼道里伤心地哭了起来。

就是因为松松妈妈把孩子保护得太好了，把孩子当成"易碎品"。结果，在成长的过程中，松松变得越来越娇贵，真的变成一个"易碎品"。他不

仅性格娇气，身体娇弱，心理更是脆弱无比。

一位教育学家曾经说过：孩子的小时候，父母给孩子什么样的教育，孩子就会成为什么样的人。如果父母把孩子当成弱者，什么事情都不让他做，那么孩子就永远不会变得坚强独立；如果父母把孩子当成"易碎"的玻璃，小心翼翼地捧在手心里，那么孩子终究会脆弱不堪，很容易被摧毁。

作为父母，如果你真的爱孩子，就应该收起那份过分爱孩子的心，不要过分地保护孩子。况且，孩子并没有我们想象中的那么脆弱，更不是什么易碎的玻璃和易化的糖果。

该动手的时候，让孩子自己动手；该独立的时候，让孩子独立；同时在保证孩子安全的情况下，让孩子尽量大胆地尝试。那么，孩子就会拥有坚强的翅膀和内心，成长为一个勇敢、自信的孩子。

吃过苦的孩子，才明白幸福的感受

"自古英雄多磨难"，纵观古今，但凡一些有所成就的人都经过百般磨炼。对于孩子来说，遭遇挫折不是坏事，这能真正激发出他们的内在意志品质。做父母的，用不着害怕、泄气和埋怨，只需对孩子说：爬起来，就是一种成功。

曾读过一篇《狮子育儿法》的文章，讲的是"我"在一位韩国朋友家做客时，看到朋友的儿子不小心从楼梯上滚了下来，出于善意要去扶倒在地上的孩子，没想到却被朋友制止了，更令人感到疑惑的是，家里的保姆就像没看到似的，不闻不问，这真是让人匪夷所思。接下来那位朋友解释说，这是时下韩国最为流行的"狮子育儿法"。

所谓"狮子育儿法",就是像狮子那样养育孩子,引导孩子的身心向健康方向发展。

身为"森林之王"的狮子在激烈生存竞争中也是不敢大意。小狮子刚出生不久就会被父亲推下石崖,小狮子只能自己想办法从下面爬上来。而成年狮子会站在一旁观察着小狮子的一举一动,只要小狮子没有生命危险,它们是绝对不会出手相助的。

文中提道:因为是群居动物的缘故,小狮子都会受到狮群的保护。在这样的环境中生活,小狮子就会经常出现打斗的场面,也正是因为这样才锻炼出它们强健的体魄。崇尚"狮子育儿法"的韩国人认为小孩也和小狮子一样,不可能一生都受到父母的呵护,总有一天要离开父母的呵护走向竞争激烈的社会,这就需要他们独自承受很多。

而我们中国的孩子是家里的独宝儿,全家人都要围着这一个宝贝转圈。

每天的小学门口,特别是下午放学时,就像赶集般热闹,无数的家长都是来接孩子的。其实现在的孩子,大都是在与父母保持安全距离的情况下入校或回家的,至少也是用摩托车或自行车送去接回,现如今大家的物质生活都丰富了,家家都能买起汽车,接送孩子自然少不了这交通工具,孩子们多幸福啊!

中韩两国的教育方式是多么的不同啊!家长们应该尽快转变一下我们的教育观念,也像狮子育儿那样教育我们的孩子,因为人在磨炼之后才会得到成长。是的,孩子的成长离不开磨炼,没有挨过饿的人,不懂得什么叫温饱;没有受过苦的人,不懂得什么叫幸福。

这些天,小文在为参加作文竞赛做准备,白天他在语文老师的辅导下积累作文素材,晚上回家还会看一些课外书,以此增加自己的词汇量。作

文竞赛前一天，小文自豪地向妈妈说："妈妈，这次我肯定会是第一名。"妈妈不喜欢小文那骄傲的样子，不相信地问："你这么有把握？""那当然了，以前作文竞赛，哪次我不是拿第一啊，这次肯定不会例外。"小文信心满满地说。妈妈不忍心打击他的自信心，只好微笑着点点头。

作文竞赛那天早上，小文的爸爸和妈妈都分别给了小文成功的祝福，小文带着全家的希望出发了。晚上回到家，小文有些沮丧地说："我觉得我这次没有发挥好，估计拿第一有点危险。"妈妈只是简单地安慰了几句，就换了话题。结果出来了，平时经常拿第一的小文只得了第三名。本来准备的庆功宴也只好被列为了"安慰宴"，小文感觉受了挫折，整个人都很沮丧。这次，妈妈并没有一个劲儿地安慰小文，而是抱着客观的态度分析。她指出了小文的骄傲心理，另外她还给予了一定的肯定和鼓励。对于妈妈指出的不足，小文难以接受，但想了半天他还是觉得很合理，自己的确太骄傲了。他决定改掉这样的毛病，以虚心谨慎的态度迎接下一次的作文竞赛。

现在的大多数孩子都是在万千宠爱中长大的，在他们身上很容易显现任性、脆弱、依赖性强、独立性差等特点。随着社会的进步、经济的发展，孩子们的生活条件越来越优越了，他们在享受优越条件的同时，却像温室里的花朵，禁不起外界的风吹雨打。这种成长环境中的孩子，如果不进行适当的挫折教育，就会使他们的性格越来越脆弱，心理承受能力越来越差。问题值得每一位父母重视，因为今天的孩子需要经受一些挫折，只有在不断锻炼之下，他们才能够迎接未来的挑战。

情感式引导教育中的挫折教育需要家长有意识地创设一些困境，教孩子独立去对待、去克服，让孩子在困难环境中经受磨炼，摆脱困境，培养一种迎难而上的坚强意志及吃苦耐劳的精神。具体操作方法可以参考以下几点：

1. 对孩子多肯定、多鼓励

当孩子遇到挫折困难的时候，父母应该及时地肯定、鼓励孩子，给予孩子安慰和必要的帮助，使孩子不至于感到孤独无助。这时候，父母不要用一些消极否定的语言来评价，如"你真是太笨了，这么简单的事情都做不好""做不好就不要再做了"等，这些话会强化孩子的自卑与挫败感，下次在挫折与困难面前，他就没有信心去面对了。父母可以采用一些积极肯定的评价，给孩子自信，使孩子意识到自己的努力是受到肯定和赞扬的，没有必要害怕失败，继而逐渐学会承受和应付各种困难与挫折。

2. 引导孩子正确对待挫折

小孩子对周围的人和事物的态度往往是不稳定的，他们容易受情绪等因素的影响。因而，他们在遇到困难与挫折的时候，也往往会产生消极情绪，不能正确地面对挫折。这时候，需要父母及时地告诉孩子"失败并不可怕，只要勇敢向前，一定能做好的"，父母有意识地让孩子把失败当作一次尝试的机会，鼓励孩子重新鼓起勇气再次尝试。同时，父母还应该教育孩子勇敢地面对挫折与困难，增强抗挫折的能力。

3. 把适当的任务交给孩子

父母可以把适当的任务交给孩子，让他自己来处理，并从困难中找到解决的办法。如果孩子面临沉重的压力，父母可以帮助孩子进行心理疏导，但绝不能大包大揽，让孩子觉得压力是与自己无关的。有的父母对孩子的

赏识教育过头了，让孩子觉得自己是世界上最好的，无往不胜的，无法承受批评和失败。不能接受批评、不能承受压力的孩子，他们在未来的生活中必定是充满着痛苦的，甚至有可能被压力所吞噬。

4. 好孩子也需要适当的批评

批评和表扬一样，它们都伴随了孩子成长的一生。有的父母怕孩子受委屈，即便是孩子做错了事情，也从来不说孩子的不是，时间长了，就使孩子养成了只听得进表扬的话而不能接受批评的不良习惯。其实，父母应该让孩子认识到，每个人都是有缺点的，有的缺点可能是自己不知道的，但别人很容易发现，只有当别人在批评自己时，自己才知道错在哪里。这样让孩子明白，有了缺点并不可怕，只要勇于改正就是一个好孩子。

5. 挫折教育也需要顺应孩子的个性

任何教育都要考虑到孩子的心理特点以及个性特点，不同的孩子面对挫折教育会反映出不同的心理。所以，父母对孩子所进行的挫折教育也需要因人而异。有的孩子自尊心比较强、爱面子，遇到挫折就很沮丧，对这样的孩子父母不要过多地批评，点到为止即可；有的孩子比较自卑，父母要多安慰、少指责，善于发现他们的闪光点。另外，父母还要有意识地依据孩子的抗挫能力进行教育，有的孩子能力较强，父母只需适当启发，放手让孩子自己去解决问题；有的孩子能力较弱，父母可以帮助制订计划，使孩子看到自己不断地进步，继而逐渐形成克服困难和挫折的能力。

孩子的成长需要压力，那是动力的源泉

人们常说：有压力才有动力。的确，一个活在没有压力环境下的人，会很颓废、消极、懒惰，因此很难有进步，如同没有落差的水一样，不会流动。

一个人承受压力的能力是有限的，当压力过大的时候，人的身心就会发生一系列的反应，甚至陷入非常糟糕的状态之中，影响正常的生活。尤其是孩子，身心都处于快速成长之中，承受压力的能力还很弱，但是命运并不因为孩子的弱小就特别偏爱孩子。那么，既然压力不能完全消除，如何才能与压力和谐共处呢？作为父母，在情感式引导教育中，一定要从小给孩子适当的施压，然后再引导孩子把压力转化为动力，这样孩子在成长的道路上才能始终活力满满，斗志昂扬。把压力转化为动力之后，压力就不再是压力，尽管压力没有消除，却以动力形式出现，这样会促进孩子的成长。

乐乐从四年级开始练字，到五年级上学期，书法老师建议他直接报名参加四级考试。对于老师的信任和鼓励，乐乐却感到巨大的压力。因为很多练字比乐乐更早的孩子，从二级开始考，到现在也才考三级呢，乐乐完全不确定自己能否通过四级考试，也很害怕妈妈会失望。看到乐乐犹豫不决的样子，书法老师大力鼓励乐乐，并且让乐乐回家询问妈妈的意见。不想，妈妈在听到书法老师的建议后，当即表态让乐乐接受老师的安排，努力冲刺考四级。乐乐为难地说："但是，还有20多天就要考级了，而我每周顶多练习两次书法。"妈妈语重心长地对

乐乐说:"没关系的,只要你尽力而为,不管结果如何,妈妈和爸爸都会支持你的。"

妈妈的话仿佛给乐乐吃了颗定心丸,他决定把压力转化为动力,努力练习,进行考级前的冲刺。经过七八次全力以赴的练习后,乐乐果然顺利通过考试。看着乐乐兴奋不已的样子,妈妈抓住时机鼓励乐乐:"乐乐,你太棒了。你只要相信自己,就一定能够做到。"

事例中,在妈妈的鼓励下,乐乐吃了颗定心丸,因而不遗余力地激发出自己的所有能量,全力以赴准备等级考试。正是因为这样的坚决和勇气,也知道自己没有退路,更知道爸爸妈妈永远都支持自己,乐乐才会突破自我,取得成功。

每一份压力,都意味着一份动力。父母唯有坚持鼓励孩子,孩子才从父母那里得到力量,也才有勇气承受压力,把压力转化为动力,从而使人生变得与众不同。现代社会,每个人都承受着巨大的压力,父母定要引导孩子与压力和谐共存,而不要觉得压力是难以承受的,对压力产生抵触和排斥心理。

在情感式引导教育中,施压应按照孩子成长的不同阶段进行调节,做到张弛有度。

1. 父母要给孩子合理的期望

孩子的压力就是父母的期望值,压力的大小取决于孩子父母。如果期望值过高,不切实际,孩子的自信心受挫,开始怀疑自己、轻视自己,产生失望情绪,放弃努力,最后自暴自弃。如果期望值过低,对孩子不予理睬,孩子会放松心态,变得消极颓废,缺乏上进心,自甘落后。因此,家长要根据孩子的实际情况来确定自己的期望值,孩子稍加努力后就能实现的就是最好的期望值。

有了恰当的期望之后，孩子需要一步步地实现它。俗话说"一口吃不成大胖子"，父母千万不要急于求成，要调整自己的心态，只有自己先平静起来，孩子才能够轻松。父母不要要求孩子一步到位，留给孩子喘息的空间，让孩子脚踏实地、一步一个脚印地往前走。

2. 施压的同时，给孩子相应的支持和鼓励

实际上，孩子的承受能力很多时候取决于家长的支持和鼓励。如果孩子的成长既没有压力也没有支持，他很难有什么出息。因为没有足够的压力推动他前进，没有相应的支持鼓动他努力，他的潜力发挥不出来。除此之外，孩子处于高压而又缺少支持的情况下，结果将会是一事无成。假如孩子处于低压且支持巨大的情况下，结果还不是很乐观，孩子会变得沾沾自喜，好高骛远，根本不可能成功。

孩子的成长需要压力，同时也需要父母的支持。适当的压力与支持，可以让孩子在前进的过程中有勇气、有信心地接受挑战、战胜困难。对孩子的支持不一定表现在具体某件事情上，而是用恰当的方式让孩子感受到父母的关爱，例如温和的语气，身体的接触，向孩子传达关心，缓解孩子的压力，帮助其建立自信。

3. 父母一定要明白：施加压力不是虐待心灵

父母给予孩子适当的压力是正确的，但这和虐待孩子是两码事。在我们周围经常发生，父母为了让孩子进步，采用讽刺、挖苦、嘲笑、威胁，甚至恐吓的方式，事实上这是对孩子幼小心灵的摧残，这种做法会给孩子的心理造成巨大创伤，孩子时时刻刻处在对自己的否定当中，觉得自

己一无是处，久而久之，性格会变得自卑、内向、焦虑、压抑，心灵会发生扭曲、变态。这样别提什么提高学习成绩了，就连基本的身心健康都得不到保证。

所以，父母应该给孩子足够的爱和尊重，关心孩子，理解孩子，以平和的心态、温和的语气与孩子相处，和孩子交朋友，一同分享欢乐，分担痛苦。这样孩子的表现会与以前大不相同。

其实，压力就像空气，没有人能在真空中存活，所以说人的一生不可能没有压力。的确，曲折的人生道路，入学、升学、就业、升迁，孩子成长的每一个足迹都是压力催生的产物。没有压力，人的一生就会平淡无奇。生命原本是丰富多彩的，任何人都不愿意自己的生活一成不变。因此，父母要让孩子懂得：在尽情享受成功的喜悦时，应当感谢当初令人头疼不已的压力；在品尝一帆风顺的快乐时，也要欣然接受压力带来的痛苦和磨炼。

困难来临，引导孩子微笑面对

孩子面对困难的次数少，不像大人那么有经验。因此很多情况下，当困难来临，他们不知如何应对；当困难"袭击"了他们，他们也只能痛苦地倒地或者赶快逃避。这时，父母就应该起到教导作用，告诉孩子：困难并不可怕，只要你有信心，再难的事情，也可以化解。

放学路上，刘辉的心情很沉重，他克制着，不想让自己的眼泪落下来。可是，刚才那一幕情景就像录像一样出现在他的眼前：

上课铃响了，老师笑吟吟地走进了教室，对下面的同学说："这节班

第七章：做孩子不是温室的花朵，挫折是成长最好的土壤

会课是竞选班干部……"话还没说完，大家就叽叽喳喳地议论起来。刘辉虽然没有说话，但心里却像吃了定心丸，心想："凭我当了几学期中队长的资历，再加上上学期又是三好学生，这中队长我是当定了。"刘辉只是静静地坐着，听着几位"自告奋勇"的同学的发言，不禁有点儿羡慕他们的勇气。突然，老师点了刘辉的名字，他站起来愣了一下，支支吾吾地说："我决心——继续当中队长。"老师听了也笑了。他正在得意，谁知同班男生王伟也霍地一下站了起来说："我也想竞争中队长。"刘辉看到王伟的脸都涨红了，感觉到他内心一定非常激动。老师挥了挥手说："下面给你俩15分钟时间，说一说搞好中队工作的设想，然后再进行投票选举。"结果，王伟以绝对优势的票数当选了中队长，刘辉苦着脸，勉强拍了几下手。

正胡思乱想之际，妈妈突然拍着刘辉的肩膀说："今天咱们小辉真勇敢，可以表达出自己想当班干部的想法了。"原来她已经在老师那里知道了事情的经过，不料这一句话说到了刘辉的伤心处，他忍住要掉下的眼泪。妈妈又说道："小小男子汉，不应该哭鼻子的，那上次你当选了中队长，其他同学有没有像你一样泄气？"刘辉想了想，摇摇头。妈妈又说道："就是啊，可能上次王伟同学也想当中队长呢，但他并没有泄气，反而继续努力，赢得了同学和老师的支持。你也要继续努力学习，积极配合王伟同学的工作，做一名合格的少先队员。"刘辉不言语。妈妈又说道："这次你没有被选中，那肯定是你身上有了不足的地方，你现在需要做的是检查自己身上有哪些不足，然后积极改正，在下一次竞选中拿出自己绝对的优势，好吗？"刘辉点点头。

如果孩子养成了凡事喜欢依赖父母的习惯，那么当孩子准备进行一项活动的时候，就经常会听到孩子在尝试之前泄气地说："我不会。"他们在遇

· 139 ·

到困难时灰心丧气，有的孩子还会选择逃避。时间长了，他们就成了恐惧困难的孩子。面对这样的情况，父母也很着急，但却不知道该怎么办，有的父母直接帮助孩子解决困难，他们以为这就是对孩子好。其实，当孩子遇到困难的时候，需要的是战胜困难的能力，而不需要父母的大包大揽。因为在他们成长的过程中，随时都会遇到困难，总有一天需要孩子独自去面对困难、战胜困难。

在情感式引导教育中，父母应该有意识地培养孩子战胜困难的能力。

1. 引导孩子正确评价自我

每个孩子都有自己的长处和短处，父母应该给予客观正确的评价，如果父母只看到孩子的长处，孩子往往会在赞赏的目光中骄傲自满，对自身的不足缺乏认识，不能接受失败；如果父母对孩子充满了过高的期望，往往会增加孩子的压力，伤害孩子的自尊，乃至丧失自信，遇到困难选择逃避。因此，父母应该引导孩子正确评价自我，让孩子对自己实现目标过程中可能遇到的困难有所预测，这样，孩子对战胜困难就有一定的心理准备了。

2. 放开孩子，让他去做自己能做的事情

有的父母对孩子过分溺爱，事事包办代办，孩子无形中养成了娇弱的性格，以至于遇到困难就不知道怎么办了。所以，父母应该放弃大包大揽的做法，放开孩子，让孩子独立去完成自己能做的事情。比如，孩子在学习上遇到了困难，父母应该鼓励他自己去思考、解决问题。让孩子在生活中逐渐学会独立面对一些问题，包括人生路上的挫折和困难。

3. 给孩子树立榜样，培养孩子战胜困难的信心

心理学研究表明，父母的榜样作用对孩子行为的形成和改变有着显著的影响。如果父母给孩子树立了不畏困难、战胜困难的榜样，就有助于增强孩子面对困难和挫折的信心，让孩子明白世界上并没有唾手可得的成功，而是需要不断地战胜困难，才能获得最后的成功。在平时的生活中，父母可以给孩子讲述一些名人战胜困难的故事，让孩子以这些名人为榜样，培养其战胜困难的能力。当然，孩子最好的、最直接的榜样就是父母，"身教胜于言教"，父母对待困难的态度和行为会潜移默化地影响孩子的态度和行为。

4. 适当批评，培养孩子战胜困难的能力

父母在与孩子一起玩游戏的过程中，总是喜欢让着孩子，让孩子取得胜利，结果却让孩子养成争强好胜、自以为是的心态，一旦遭遇了困难，就会丧失信心。所以，父母需要对孩子进行适当的批评，指出孩子身上存在的缺点和不足之处，偶尔也让孩子尝尝失败的滋味，让孩子学会自我调节。

5. 鼓励孩子战胜困难，培养孩子战胜困难的勇气

有的孩子在遭遇困难的时候就产生消极情绪，他们往往垂头丧气，甚至选择逃避。其实，要想孩子能够独立战胜困难，必须培养孩子面对困难的勇气。当孩子在面对困难的时候，父母可以引导孩子正确面对、勇敢面对，向困难发起挑战。当孩子害怕去做一件事情的时候，父母应该鼓励孩子："别怕，你一定能行的！"不断地给孩子打气，培养孩子战胜困难的勇气。

第八章

引导孩子控制情绪
正能量助他创造未来

【你比任何玩具都让孩子着迷】

面壁思过，让孩子的坏情绪冷却

父母小的时候是否遇到过这样的事情，上学迟到、忘记带作业本、没有完成作业或者与同学发生争执？是否曾经被老师斥责面对墙壁站着，或者是亲眼看见其他同学受到老师面壁思过的惩罚？可能，大多数人的答案是肯定的。

可是，面对自己的子女或是孙子、孙女遭受面壁惩罚，父母又会有何反应呢？电视剧《爱在苍茫大地》中有这样一个情节：爷爷发现孙子在幼儿园里面壁站着，不禁愤怒地对园长说："什么人面墙站着？监狱的犯人才面墙站着，你这是体罚！你不能让他朝着人多的地方站着吗？"演员的表演很精彩，可是情节背后的意义却令人深思。

孩子面壁思过到底算是一种体罚还是一种教育手段呢？

让孩子面壁，表面上看起来像是一种体罚，实际上它对引导和教育孩子具有很大作用。因为孩子在冲动、易怒、不配合的时候，父母给孩子施加压力也只是起到一时的作用。如果让孩子面对墙壁站一会儿，情况可能大不相同。在面壁的过程中，孩子由于有了一定的个人空间，坏情绪一点点退却，变得冷静下来。这时，他们能够对自己的错误进行思考，找到问题所在，并纠正自己的错误。

雯雯和小区里的诺诺是好朋友，两人每天都在一起玩。一天妈妈下班回来，正好碰到他们俩在小区里的滑梯前玩耍。妈妈看了看表，晚饭时间就要到了，于是对雯雯说道："雯雯，你再跟诺诺玩十分钟就说再见，跟妈妈一起回家做饭好吗？"雯雯答应了妈妈，可是十分钟过后，雯雯要离开时，诺诺不愿意，他一直拉着雯雯的手说："去我家玩吧，去我家玩吧。"诺诺的奶奶也跟着一起邀请雯雯到他家做客。妈妈其实不愿意让雯雯去别人家，但这时她的手机响了，就在她和别人通话的时候，雯雯拉着诺诺的手就跟他回家了。妈妈很生气，却来不及阻拦，只好遂了雯雯的愿。

过了一会儿，妈妈做好晚饭，到诺诺家接雯雯，让她回来吃饭，可是雯雯以没有玩够为由，坚持要在诺诺家吃过晚饭再回去。加之诺诺妈妈出来帮忙说话，雯雯妈妈不好意思拒绝，又一次同意了。等到吃过晚饭，八点左右，妈妈又来到诺诺家，接雯雯回家。她对雯雯说："走吧，雯雯，时间不早了，这次该回家了吧。"当时雯雯正在和诺诺一起摆积木，随口说道："等一等，妈妈，我再玩一会儿。"妈妈认为这次不能再妥协，于是说道："不可以再玩了，马上就到睡觉时间了，回去还要洗澡刷牙，要做很多事情呢，赶快跟诺诺说再见。"雯雯不愿意，仍然不动，妈妈又说了一遍还是不起作用。妈妈已经很气愤了，不愿再多说一句话，抱起雯雯就往外走。雯雯被妈妈突然的举动吓到了，先是大哭，接着使劲拍打妈妈的肩膀，边打边说："我不回去，放我下来。"

母女二人很快回到家，妈妈见雯雯还没有安静下来，就对她说："你

先到小屋里去，自己面壁思过十分钟。"雯雯不愿意，哭得更伤心了，但看着妈妈不容置疑的眼神，她还是走了进去。十分钟后，雯雯走到妈妈身边，妈妈问她："知道妈妈为什么让你面壁思过吗？"雯雯说："妈妈还没有同意，我就跟着诺诺回家了。我对妈妈说再玩一会儿就回家，但是没有做到；妈妈来叫我回家，我想继续玩，还跟妈妈哭闹，还打了妈妈。"没想到在短短的十分钟，雯雯就清楚地意识到了自己的错误。她还跟妈妈说："我以后不会再这样，一定听妈妈的话。"现在，雯雯的情绪已经平和，妈妈对她说："雯雯，妈妈并不想让你面壁思过，但你要知道一个人犯了错就要自己去面对，去承担。既然你已经知道自己的错误了，妈妈为你感到高兴，现在你可以去洗漱，准备睡觉了。"雯雯乖乖地去洗漱了。

美国密苏里州堪萨斯市儿童慈爱医院的临床儿童心理医生爱德华博士认为，面壁思过的方法对孩子的成长很有帮助，它可以在短暂的惩罚中让孩子记住自己所犯的错误，并帮助家长树立威信。可见，面壁思过是一种有效的惩罚方式，是情感式引导教育的一部分。不过，在运用这种教育方式的时候要掌握一个度，千万不要伤害到孩子。

1. 让孩子面壁，父母不能带有情绪

父母要清楚地认识到，面壁思过是为了让孩子平复情绪，在使用这种方法的时候，父母千万不能自己带有情绪。当孩子听到"面壁思过"这几个字时，可能会反抗、惊声尖叫，脾气会更暴躁。这个时候，如果父母也带着愤怒的情绪把孩子带到墙角，孩子反而无法冷静，一旦再次向父母发火，势必会造成亲子之间的冲突。因此，父母在惩罚孩子前，应先放下激动情绪，使自己冷静下来，让自己保持理智。

2. 面壁思过与罚站不同

有些家长可能认为让孩子面壁思过就是让他们面对墙壁站着，不能改变姿势，不能挪动一步，其实这是不对的。面壁思过与罚站不一样，孩子毕竟年龄还小，让他们站在那里一下都不能移动，既不科学也不起作用。父母的目的是引导孩子审视内心，反省自己的错误。只要孩子能够做到这一点就好。因此，面壁思过不是说一定要面对墙壁，只要给孩子一个单独的空间，例如孩子的房间、父母的房间、客厅一角，甚至坐在椅子上或餐桌椅上都可以，最好是在父母能够观察到的地方。像卫生间这种比较封闭的空间，父母最好不要强行将孩子关到里边，一来防止孩子在这种不利于观察到的地方出危险，二来这种幽闭的空间本身会给孩子带来一定的恐惧感，影响孩子的心理健康。

告别猜疑，好孩子要学会坦诚布公

猜疑心理的主要特征是：敏感，受挫后容易意志消沉，甚至不爱理周围的人，每日唉声叹气。具有猜疑心理的孩子，会对世界上的各种事物感到怀疑、担心、害怕。

小萝是一个小学生，平时不怎么爱说话。最近，她总有种周围人和自己过不去的感觉，尤其是同班同学。有些同学在班里无意看了小萝一眼，小萝马上说对方："看什么看？"看到同学在一起讨论话题，她就认为大家在讨论她。有的同学在下课时无意碰了她一下，她就觉得对方是故意和自己过不去。老师处理这些事情，小萝总认为老师在偏袒对方。

因为小萝猜疑的性格所致，在班里小萝一个朋友也没有。小萝感觉很委屈，认为自己很不幸，世上没有人喜欢她。

多疑的人往往臆测别人，整天就想些无中生有的事情，认为人人和自己过不去，都特别虚伪。

孩子多疑是一种不健康的心理状态，在没弄清楚事实之前，自己就妄下定义，并且总是从消极面出发。孩子多疑总会主观性地想些无中生有的事情，别人无意识的行为被他们误认为是对自己的敌意，从而造成和别人的矛盾。

有一天，同寝室的小冬在收拾东西时，不小心将一袋零食放在了旁边小月的床上。小月生怕弄脏了自己的床铺，就瞪了小冬一眼。其实小冬和其他同学并没有注意到这一情况。可是小月立刻后悔了，她怕其他同学看见，不巧的是，正好有一位同学抬头看小月，小月便不好意思地笑了笑。

接下来，敏感的小月非常担心，怕同学说自己太小气。于是，她小心地留意其他同学的反应，也不去上晚自习。看到她那一举动的同学正好又碰到了她："今天的自习你怎么又不去了呢？"小月认为这是让她走开，好和别人议论她刚才瞪眼的事儿。

第二天晚上，大家一起去吃饭，小月回来晚了，见其他人正说笑着，便认为她们一定彼此说好了，真的不理她了。小月总觉得别人用异样的目光看着她。她认为肯定是这个同学和全班同学说了这件事情，全班同学这下都认为她是个小心眼儿了。

小月的疑心越来越重，听到同学们在笑，就认为他们是在笑自己。为此，小月整天坐立不安，她总想着别人在她背后说坏话。不久，小月患上了失眠性神经衰弱，学习成绩也下降了。

多疑会让孩子变得性格狭隘，无事生非，如果不及时纠正这种不健康心态，不仅难以维持人际关系，还会对身心健康产生消极影响。

一般来说，抑郁型气质的孩子生性多疑，他们有着细腻的情感，总能抓住别人不易发现的细节。有些孩子爱猜疑则是出于消极的自我防御。他们曾经被别人欺骗过，为了防止这种伤害的再次发生，对任何人都不会轻易相信，与此同时还把别人往坏处想，久而久之就形成了猜疑心理。

家庭环境也和孩子的心理猜疑有着密不可分的联系。如果家长是多疑的，并对自己的孩子持有不信任的态度，也会造成孩子的心理猜疑。

孩子形成猜疑心理，会严重影响其生活、学习和交往的各个方面。因此，父母在进行情感式引导教育时，对疑心重的孩子引导时要从细节入手，关爱孩子，孩子心中的猜疑用家长的真诚去消除，这样家长才能帮助孩子克服多疑的心理。

1. 父母培养孩子辨别是非的能力

让孩子分清什么是好的，什么是坏的。

是非观模糊，孩子容易产生这种不健康的心理。有些孩子自认在某一领域不如其他人好，由于自尊心的作祟，他总会觉得别人在议论自己，看不起自己。针对这种情况，父母要帮孩子提高辨别是非的能力，强化孩子的优点，增强孩子的自信心，让孩子充满信心地生活、学习。

父母还可以利用英雄的事例为孩子树立榜样，引导孩子多读书，读好书，从而丰富孩子的精神生活，开阔视野。

2. 父母应在学习、生活、思想等方面更多地鼓励、支持和开导孩子

实践证明，在一些不起眼的小事上表扬和鼓励孩子，常会产生较大的激励力量。对于孩子而言，父母的关心就是最好的鼓励。

父母经常用夸赞的方法，从事情积极的一面去教育孩子，就会让孩子具有坚强的意志。如果宋耀如怜惜地对女儿宋庆龄说："摔疼了吧？吸取教训，下次小心点。"那么对孩子教育的效果就不会如此有效了。

作为父母，还应该教孩子注重社交训练，为孩子创造愉快的人际心理环境，尽量多安排他们参加集体活动，并及时进行社交技术训练。例如，当孩子在社交活动中与对方发生误会时，教孩子同误会的一方开诚布公地谈一谈，及时了解事情真相，以便消除误会。

防止孩子抑郁，陪伴孩子快乐成长

抑郁是一种伤感的情绪状态。通俗地说，人只有健康和不健康这两种情绪，前者是理性、热情、大方等象征；后者是狭隘、暴怒、恐惧等代表。

青青自从上小学后就没有笑过。她每天都在想：为什么有做不完的作业？为什么每天必须起早贪黑地练习自己并不喜欢的钢琴？为什么所有的事情都要按照父母的意志去完成？

青青最大的愿望就是能够抛开钢琴谱，和伙伴们在一起玩橡皮筋，和同伴肆无忌惮地大笑，随意地坐在地上。但是她知道自己和其他孩子不一样，因为妈妈希望自己能成为一个优秀的人，过上跟普通人不一样的生活。

青青越来越渴望像伙伴那样在外面自由自在地玩耍,而实际上自己只能在屋子里面一遍又一遍地弹着钢琴曲。青青的情绪越来越低落,一整天都一言不发,在学校里也不和同学们在一起聊天,因为除了学习和弹钢琴,她并不懂得如何与别人相处。

最近一段时间,青青回到家里,都会把自己关在房间里面蒙着被子哭泣。青青也不理解为何眼泪总是像断了线的珠子,不受自己的控制。一天,青青没有去上学,也拒绝练习弹琴,结果被妈妈狠狠地批评了一顿。青青低着头,没有回答妈妈的责问,也没有哭,就这样面无表情地进了屋。她想,如果自己的生命只剩下几天的时间了,妈妈还会这样对待自己吗?

抑郁是一种不健康的情感,孩子抑郁的主要表现有:易激怒、敏感、哭闹、好发脾气、不安、厌倦、孤独,常伴有自责、自罪感,自认为没有价值,对身边的事物提不起兴趣,不管做什么都没有愉快感。

除上述情绪障碍外,抑郁还可能导致孩子出现极端行为障碍,举例来说,注意力不集中、攻击他人、逃学等行为。同时,抑郁还能制造出多种体征障碍,例如失眠、心悸、头疼等症状。

造成孩子产生抑郁的条件有很多。例如遇到不幸的事,就会有心情不畅等表现,但马上还能缓过神来;但是那些遗传基因不良,幼年时遭受苦难的孩子,可能抑郁的情绪要持续得更久。

孩子遇到某些不幸事件,会遭受精神创伤,从而产生抑郁的情绪。有的孩子被某事伤害到,比如,自然灾害造成亲人去世。

心理专家表示,不要以为孩子会有"大心脏",能解决掉所有遇到的

问题产生的困惑。如果不能及时宣泄不良情绪，在心中郁积得太久，就会导致孩子用暴力或意外的方式去解决问题。

郝静是一个事业有成的成功女性，然而，上小学的女儿桂桂却成了她的心病。当初，郝静为了打拼自己的事业，将刚出生3个月的女儿交给自己的老人照顾。夫妻俩一心扑在工作上，等有了自己的基业，才把女儿接回身边。一家人团聚时，桂桂已经是一年级的小学生了。

没有照顾小时候的女儿，郝静常为此感到歉疚，作为一种补偿，郝静对女儿几乎是有求必应。然而，即使这样，桂桂还是对郝静很冷淡，平日里几乎没有话跟妈妈说。

过了不久，照看桂桂长大的姥姥去世了。桂桂显得很伤心，在追悼会上，她像发了疯一样哭闹，回到家，她就躲进自己的房间，一整天不吃不喝。

为了让女儿开心起来，郝静专门为孩子买了新房子，给女儿转到全市最好的小学，可一切都无济于事。桂桂总是郁郁寡欢，经常把自己的房间弄得乱七八糟。最近，桂桂不愿去上学。妈妈向老师了解情况，老师说桂桂上课总是心不在焉，还和同学发生冲突，居然用裁纸刀差点儿把同桌扎伤。

郝静非常震惊，回到家就对女儿大发雷霆。面对妈妈的叫喊，桂桂仿佛没听见，眼神里那份与年龄极不相称的漠然让郝静不寒而栗。

苦恼不已的郝静带女儿来到心理门诊，从医生那里，郝静得知女儿的不正常行为属于"儿童抑郁症"。

孩子常会因为各种原因产生抑郁心理，例如家庭因素、心理因素、经历因素、环境因素、遗传因素等。引起孩子抑郁的原因不是单一的，当孩子的心理发育滞后于生理发育时，便会引起生理和心理上的不协调，所以，孩子产生各种心理问题就不足为奇了。

孩子抑郁的表现常常因人而异，有的是情绪异常或是行为问题。父母一定要留心孩子的心理发展走向，绝不能让抑郁阻碍了孩子的心理健康。同时，运用情感式引导教育，帮孩子消除抑郁心理，让孩子顺利地成长。具体可按照以下方法进行：

1. 展示阳光一面

父母不管在什么状况下，都要在孩子面前表现出阳光的一面。孩子正在成长，他们的心智正在发育中，父母不能因为孩子抑郁就产生烦躁、厌弃的情绪。父母作为成年人，应该相对理性一些，正确地认识自己的责任，学会用开朗的心态去感染孩子，引导孩子健康成长。

2. 给予积极鼓励

父母应该鼓励孩子积极地与人交往，鼓励和帮助孩子结交朋友，比如，邀请同学来参加聚会，把自己的玩具带给同学分享，让孩子在友情中获得快乐。作为父母，不要总是担心孩子在与同伴交往中会吃亏、会受伤，而是要培养孩子的合作意识，让孩子学会融入集体。

同时，父母可以带孩子一起参加一些运动项目，这样不仅可以强健孩子的身体，更重要的是，让孩子经常和同龄人玩耍，有助于他们培养人际关系，从而让孩子变得更加积极主动，造就孩子合群的性格。

3. 父母应该教给孩子"快乐人生的方法"

"快乐人生的方法"就是有一个好心情,这比做对事情更重要。父母应该教孩子先处理好心情,而不是像通常所做的那样只顾批评教育,只有这样,才能让孩子体会到父母对自己的关怀。

让孩子远离抱怨,那不会有任何效果

很多人喜欢抱怨,其实是为了发泄自己的不满情绪,或者可以说为了解决问题而出现了这样的情绪。有时候也是为了逃避当前的问题,把问题丢给别人。需要注意的是,抱怨往往解决不了任何问题,只会把问题变得更加棘手,负面的情绪反而波及面更广了。长此以往,别人对自己的印象就是爱抱怨、不会解决问题,人际关系自然就会受到影响。这种情绪还会让孩子的性格也变得悲观,思维能力和解决问题的能力也会受到影响。

"都是我,我怎么这么笨,怎么总是做不好!"看着"大战半天"依然无果的数学作业,笑笑急得快要哭出来了。

虽然名叫笑笑,可是名不副实。只要遇到一点事,她就像热锅上的蚂蚁。她有个最大的特点,就是喜欢抱怨。比如上学迟到,她就抱怨闹钟没有按时工作,或者爸爸妈妈没有叫醒她;考试没有考好,就抱怨题太难;作业不会做,就会说老师讲得不够细致;好不容易将目光放在了自己身上,就又说是自己太笨。由于她总是怨这怨那,同学们还送了她一个外号:"小怨妇"。

星期天,笑笑和朋友约好去新建的植物园。一大早起床,笑笑就发现天气不是很好。"真讨厌,这样的天气让人怎么出去玩啊!"拉上窗帘,她又回到被窝里。"待会儿可能会下雨吧?这样的天气索性就不出去吧?"于是,她打电话,借口今天有事就没有去。

"昨天的植物园真有意思,我们去的时候正好赶上花都开了。"

"是啊,多好看啊,昨天的野餐也很好呢,我们自己做的味道都不错。"

星期一,听着朋友们的议论,笑笑心里是既后悔又生气,她抱怨的毛病又犯了。

"都是你们,怎么也不叫我!"笑笑抱怨道。

"不是你说自己有事不来的嘛!"跟她们同去的小雅奇怪地说。

"那你们后来也不应该自己去不叫我嘛!"笑笑虽然知道是自己的问题,可是她还是免不了要抱怨别人几句。

"明明是你的错,你还要抱怨别人!你可真是个小怨妇!"几句话,笑笑就和几个好朋友生了气。

"你们怎么可以就这样跟我生气?真是的,都怪那天的天气……"

瞧,笑笑爱抱怨的毛病又开始犯了。因为她的抱怨症,同学们都不喜欢跟她交往了,笑笑也因此变得更加爱抱怨了。

上述案例中的笑笑有个不太讨人喜欢的习惯——爱抱怨。因为抱怨,她也失去了良好的人际关系。其实,抱怨反映出的是一种生活态度,而且是一种消极的态度。抱怨不仅仅会影响人的心情,甚至伤害人的大脑。

当孩子出现喜欢抱怨的情绪时,家长要及时进行情感式引导教育,帮助孩子告别抱怨与悲观,用积极的态度来应对人生中的问题。这里有几点建议供各位家长参考。

1. 教孩子远离抱怨

情绪是会传染的,和快乐的人在一起,自己也会变得快乐;和悲观的人在一起久了,自然也会变得悲观起来。抱怨亦是如此。所以,要想孩子告别抱怨,就要防患于未然,让孩子远离爱抱怨的人,避免孩子被这种情绪传染。除了被动地躲避抱怨情绪的传染源,家长更重要的是要教会孩子当个乐观快乐的人。乐观积极是抵制抱怨悲观的抗体,只有孩子自己是个快乐向上的人,才不会被抱怨的情绪影响,还可以把快乐的情绪带给别人,传递正能量。

2. 教孩子正视自己,学会解决问题

抱怨情绪出现的很大一部分原因是孩子在发泄自己的情绪,有时候甚至是为了安慰自己的心情而用抱怨的方式把过错推到别人的身上,找个借口,让自己情绪能够好点。家长要教孩子敢于正视自己,尤其是自己的错误,要勇于认错,不推卸责任,敢于承担,这对孩子的人际关系交往是一个很好的推动力。当孩子遇到问题时,首先要想到的是如何解决问题,而不是先抱怨为什么要产生问题。要主动思考解决的办法,而不是把问题推给别人。当一个人致力于如何解决问题时,他也就没有时间抱怨了。

3. 教孩子学会换位思考

当孩子因为一件事大肆抱怨时,不妨教孩子冷静一下,试试换位思考,即想象别人也是这样抱怨自己或冤枉了自己,那么自己的感受又是如何。古语有云:"己所不欲,勿施于人。"负面的情绪对别人的伤害是很大的,

哪怕是无心之过，也会让好朋友反目成仇。与人交往，控制好自己的情绪非常重要，而换位思考更有助于孩子理智思考，更好地控制自己的情绪，尤其是抱怨的情绪。家长要教孩子把好抱怨情绪这一"关"，不轻易让抱怨之心脱缰。祸从口出，有可能自己不经意的一句话就会伤害亲近的人，给陌生人留下不好的印象，像开篇案例中的孩子笑笑被叫作"小怨妇"，这样就不好了。所以，教孩子不轻易抱怨，保持理智，控制自己的抱怨情绪。

　　每个人都会有情绪激动的时候，人难免会在情急之下干出一些不太理智的行为，比如发泄自己的情绪。情绪激动没有任何错误，是人之常情，人的情绪本身也是需要排遣的，但是要注意用正确的方式。抱怨既不能解决问题，也不能让人身心愉悦，只会加重负面情绪，让自己成为一个充满负能量的人。所以，家长要教孩子避免抱怨成习惯，不要让抱怨成为孩子成长路上的拦路虎。

克服胆怯，给孩子更多的鼓励

　　如今，独生子女增多，孩子的活动范围减小是造成孩子胆怯心理的重要原因。对某些事物产生胆怯心理会影响孩子的身心健康，除害怕失败之外，还有怕黑、怕孤独、怕被欺负等种种表现。这些情况给孩子的日常生活带来不便，这些胆怯心理慢慢让孩子产生自卑的性格。自卑的孩子不爱说话，对生活没有希望，时间长了就会产生某些心理障碍，严重的可能导致孩子的心理疾病或精神疾病。

　　有的孩子在与人交流、适应黑暗等方面有胆怯心理。这个时候，家长可以多陪孩子进行一些尝试。家长在这个过程中需要一直陪在孩子的身边，

给孩子提供支持。这是孩子最需要家长的时候，有家长就有安全感，就有尝试事物的胆量。当孩子经历了一次又一次失败的时候，家长需要给孩子以安慰，同时分析事情的特点，教给孩子处理事情的方法，比如帮助孩子找到事物的弱点，陪同孩子做一次成功的试验等。一旦树立起了孩子的信心，孩子的胆怯心理会减弱很多。

雪莲在一所重点小学读书。在学习上和生活能力上，雪莲一直都表现得很出色，周围的亲戚朋友都夸奖她，她的家长也因为雪莲的优秀而倍感骄傲。

可是从五年级开始，这种感觉给雪莲造成了心理负担。雪莲开始要求自己做什么事情都要比别人强，一旦有其他的同学超过自己，她就非常难过。雪莲接受不了失败，习惯成功的她认为失败是一件很恐怖的事情。

随着年龄的增长，这种情况越来越严重。现在，每当雪莲考试成绩不理想的时候，她就用撕扯毛绒玩具等极端的方式发泄自己的情绪。这种方式让雪莲的家长很担心，害怕雪莲以后会因为无法承受失败的后果发生更加过激的行为。

案例中的雪莲是一个独生女，从小在大人心目中就是优秀的孩子，特别看重第一名的位置。本来这是激发她努力向上的动力，后来却成了心理负担。当她很难缓解这种压力时，负气、自我折磨便成了发泄方式。雪莲以此来表达自己的不满，也是向家长表明自己的态度。如果这种情况没有得到缓解的话，孩子的心理会越来越脆弱，处理方式也会越来越激烈。这时，家长要及时帮助孩子缓解心理压力，可以多与雪莲探讨一些生活中的趣事和细节，减少对结果的评述。其次，当雪莲出现害怕失败的表现时，可以与雪莲共同讨论失败带给自己积极的意义，帮助孩子建立多角度看问题的思维习惯，以减少对结果的纠结。家长同时要具备一定的耐心，多给雪莲一些调整的时间。

家长在帮助孩子学习缓解害怕和胆怯心理时，可以通过情感式引导教育的方法，具体操作可以参考以下建议：

1. 想办法让孩子变得自信起来

一般来说，胆小的孩子有自卑心理，认为自己不如别人，害怕说错话办错事。面对这种情况，家长要时常夸奖孩子，给孩子更多的关心和体贴。在家里，家长可以多鼓励孩子表现自己，例如表演唱歌、跳舞、背诵，说说学校发生的趣事等。孩子胆小内向，展现自我的机会相对少一些，家长给孩子多多创造表现的机会，往往可以培养孩子的自信心。家长还要经常与老师取得联系，了解孩子在学校的表现情况，交换教育心得，让孩子在家里和学校都能及时得到帮助和表扬。

2. 培养孩子的一技之长

胆小内向的孩子，生活空间相对较小，这使他们的精力相对集中，观察事物仔细认真，做事情相对有耐心，喜欢做一些深入思考，而且往往感情细腻。家长可以充分利用孩子的这种气质，帮助并且鼓励他们根据自己的喜好学习一技之长，例如书法、下棋、演奏等。这些特长成为孩子自信的源泉，帮孩子不惧怕与人相处。

3. 让孩子知道自己为什么会产生恐惧心理

孩子害怕某件事情时，家长要和孩子一起分析害怕什么，为什么害怕

这个事情，事情的本质是什么，再寻找有效解决问题的方法。例如孩子害怕黑暗，就要让孩子说说处在黑暗的环境中时有什么样的感受，害怕的程度是什么，与孩子分析为什么会害怕这件事情，讨论有什么行之有效的方法克服这种心理。家长陪同孩子一起尝试方法，不断用语言和行动鼓励安慰孩子，直到帮助孩子克服恐惧。往往孩子在了解事物的本质之后，恐惧心理就会大大减弱。

4. 尝试"示范脱敏法"

心理学上有一种最简单有效的舒缓恐惧的方法是"示范脱敏法"，就是让孩子能够感觉到安全的前提下逐步接近恐惧对象，逐渐消除恐惧心理。例如，孩子怕黑时，家长先抱着孩子或拉着孩子的手走过暗室，同时告诉孩子黑暗并不可怕。走过一两次，等孩子稍微减轻了恐惧，慢慢适应了黑暗的环境，家长改为和孩子一前一后并保持一定距离的方式通过黑暗。反复尝试，最后让孩子单独通过黑暗。经过这样的锻炼，孩子慢慢也就不再惧怕黑暗了。注意，当孩子表现勇敢时，家长要及时给予表扬和奖励。

当孩子有情绪时，给他们一个释放的空间

当孩子因为情绪不佳、气愤、不满而哭闹的时候，多数大人会感觉烦躁不已，于是说出"别哭，再哭就把你关到小屋里"或是"再哭我就打你了"之类的话。这种语言虽然制止了孩子的"坏脾气"，但却未起到缓解作用。

其实，每个人遇到不开心的事都会闹情绪。成人心理承受能力强，也想找个机会发泄，更不用说心无城府的孩子。孩子发脾气，大多因为他们

的需求没有得到满足。另外，他们年纪尚轻，心智不够成熟，不可能像成人一样可以自我开导，也就不可能很快调整好自己的心态。如果长时间不能宣泄坏情绪，而是将其深藏起来，会对孩子的身体和心理造成不良影响。

小哲已经3岁了，但他一年里的大多数时间都跟妈妈待在一起，只有到了节假日，爸爸才能在他身边陪伴，因为爸爸的工作地点在另一个城市，不方便经常回来。平时，小哲的妈妈对小哲管教特别严厉，该他做的事情会让他去做，不该他做的坚决不会妥协。妈妈之所以对他要求如此严格，是因为她担心小哲长期和女性生活在一起，潜移默化受到影响，长大后会缺乏男子汉气概，她希望未来的小哲是独立而坚强的。

小哲刚会走路的时候没少摔跤，每次妈妈都不会去扶他，而是鼓励他自己站起来。如果小哲摔得重了，大哭起来，妈妈会立即说："不要哭，你是男子汉，可不能随便掉眼泪。"但小孩子疼痛的时候，哪管那么多，他仍旧哭。接着，小哲的妈妈就会十分气愤地说："不要哭了，再哭我真生气了。你是个男孩子，如果轻轻摔这么一下都受不了，以后怎么做大事？把眼泪收起来！"小哲见妈妈生气了，感到害怕，于是不敢放声大哭，只得轻轻抽泣，再过一会儿就安静了。妈妈认为自己男子汉培养法见效了。

可是，当孩子越来越大的时候，妈妈感到困惑了，她觉得自己分明已经把小哲训练成了男子汉，可小哲却在很多方面表现得很懦弱。例如他3岁的时候上了幼儿园，每天不停地哭，开始妈妈认为他刚到一个新环境，有个适应过程也正常。可是一个多月过去了，其他新入园的孩子都已经和老师、小朋友亲近了不少，大家玩得很愉快，可是小哲依然一进幼儿园大门就哭。老师安慰他不管用，小朋友跟他玩他

也不理不睬，就连饭都吃不下去。老师问他为什么哭，他说想妈妈了。此时，小哲的妈妈仍然采取男子汉教育法，任凭其哭泣也不妥协，每天坚持送孩子到幼儿园。后来小哲因为哭得厉害得了哮喘，妈妈没办法，只好每天让他上午去一会儿幼儿园，吃过午饭就接回家，自己的工作也受到了影响。不仅如此，小哲的身体越来越差了，现在稍微受到风吹日晒就生病，妈妈为了照顾他，每天疲惫不堪，再不敢用男子汉教育法对待他了。

小哲在妈妈男子汉训练法的培养下，不但没有变坚强，反而愈发脆弱，是因为情绪长期受压制，没有机会宣泄。对于一个幼小的孩子来说，哭是宣泄情绪最好的方式。然而小哲的妈妈为了培养其男子汉气概，强行剥夺了孩子哭的权利。当小哲摔倒了，感到疼痛的时候，他会大声哭泣，因为疼痛是一种真实的感觉。可是每当妈妈以"男子汉不该觉着痛"的说法否定小哲的感觉，小哲担心妈妈生气，只得强行将情绪收起来，时间一长，他就怀疑当初的疼痛感是否真实了。

其实孩子的哭声虽然被压制了，但内心不好的感受依然存在，等到下次再碰到这样的事情时，他依然会哭，因为尽管在哭泣的时候会遭受妈妈的责备，但这在孩子眼中也是一种关注。为了更多地引起妈妈的注意，孩子就会依赖哭泣，这种行为一旦形成习惯就很难改变。

很多孩子为什么会有心理疾病或者是性格不招人喜欢，就是因为他们平时遇到事情的时候，没有及时发泄情绪，因此会感到郁闷、委屈，对周围事情持怀疑态度。可见，孩子在成长路上会遇到很多事情，父母一定要认真观察并保持耐心，看到孩子发脾气尽可能地给他们机会，给他们时间，让他们在合理的条件下尽情宣泄，只有这样，孩子才能快乐健康地成长。

第八章：引导孩子控制情绪，正能量助他创造未来

雨萱是个十分淘气的女孩子，她经常像小男孩一样登高爬低，上蹿下跳，让妈妈费心劳神。一次，雨萱和同住一个小区的小伙伴一起玩传球，球好不容易传到她这边，她还没拿稳，就被旁边的小朋友童童一把抢了去。雨萱脾气倔强，哪能就此善罢甘休。她怒气冲冲地走到童童面前，伸手准备把球抢回去。结果球没抢到，反被那个小朋友用力推倒在地上。雨萱一摔倒，再也忍不住了，坐在地上放声大哭，这哭声中有委屈也有疼痛。一旁的邻居都劝雨萱的妈妈说："快抱起孩子吧，别让她哭了。"妈妈走了过去，坐在雨萱旁边，轻轻把她抱入怀里说："好孩子，想哭就哭吧，妈妈在这陪着你。"这时雨萱哭得更肆无忌惮，边哭边说："童童坏蛋，我不喜欢他了，以后再也不跟他玩了。"大约过了十分钟，雨萱慢慢平静下来，她擦了擦眼停止了哭泣。这时候妈妈问她："雨萱，童童刚才不是故意的，你现在还和他玩吗？"雨萱思考了一下，就好像哭过之后已经忘记之前发生了什么一样，又和小伙伴们高高兴兴地玩了起来。

为了避免孩子被不良情绪困扰，父母最需要做的不是用过激的语言或行动阻止他们，而是给予情感引导，让他们适当地宣泄情绪。等孩子将情绪全部释放之后，父母会发现孩子心情平静了不少，之前还不太理解的事情，一下就能够看明白了，而且还变得更为宽容，心胸更为坦荡。

第九章

想要良好的沟通
家长必须保持好自身情绪

父母情绪稳定，孩子才能拥有快乐的童年

现代社会，人人都承担着巨大的压力，尤其是作为家长，更是需要兼顾工作与生活，要照顾家庭，还要承担起抚养孩子的重任，因此未免到心力交瘁，也会因为自己的不舒心不顺心，就导致情绪焦虑。这也是人之常情，但是家长却不能让自己的情绪崩溃，毕竟家长还要面对孩子，还会给予孩子各种影响。所以家长不能放纵情绪，而要有意识地梳理情绪。很多家长还常常会当着孩子的面，抱怨孩子不听话，却不知道这会让孩子形成错误的自我认知，也相当于给孩子贴标签，导致孩子的叛逆行为越发严重。

情感式引导教育的前提是家长能控制好自己的情绪，若是家长莫名其妙地冲着孩子发脾气，导致孩子丈二和尚摸不着头脑，甚至对父母心生胆怯，情感也就无从谈起了，更何况教育。

有一天，妈妈带着西西一起去餐厅吃饭。虽然西西早就嚷嚷着要吃西餐，要吃意大利面，然而当西餐上桌的时候，西西才吃了几口，就坐不住了，开始玩耍起来。妈妈几次提醒西西要认真吃饭，西西却不以为然，依然在座位上扭来扭去，动个不停。突然，站在椅子上的西西没有站稳，险些摔倒，因为手臂挥舞，把一杯果汁打翻在地上，果汁不但洒到座位上，还洒在西西的衣服上，杯子更是掉在地上碎裂了。妈妈气得一把把西西摁到座位上坐好，怒斥西西："你这个孩子真是欠揍，让你别动别动，你非要动来动去。这下子好了，果汁洒了，你别喝了啊！"西西看到妈妈生气的样子，吓得不敢动弹。

妈妈气急败坏地站起身，想要带着西西去洗手间洗干净，不想，妈妈站起来的时候由于太生气，动作幅度未免过大，居然扯动了餐巾，导致她的整套餐具都掉落在地上摔碎了。餐厅里吃饭的人全都把目光聚焦过来，妈妈觉得很尴尬，因而更生气地斥责西西："看看吧，你这个倒霉鬼，这不都是怪你吗！我看你别吃了，饿死算了，谁让你这么讨厌呢！"西西再也控制不住情绪，开始哇哇大哭起来。妈妈带着西西去洗干净之后回到座位上，发现服务生已经帮助她们更换了新的餐具。但是妈妈看着桌子上的食物，觉得一点儿胃口也没有，而西西更是明显情绪低落的样子。为此，妈妈只好带着西西离开了。

实际上，孩子还小，很爱动，因而打碎餐具也是常有的事情。当果汁杯子掉到地上的时候，西西已经被吓倒了，尤其是还心疼那满满的一杯果汁呢。结果，妈妈非但没有安慰西西，反而还怒斥西西，导致西西感到精神紧张。在压抑的情绪中，西西因为妈妈也摔碎了餐具，而受到妈妈更严厉的训斥，最终情绪崩溃哭了起来。

每个家长都希望孩子有良好的表现，却不知道孩子还小，根本无法有效地控制自己的言行举止。作为父母，不但要欣赏安静美好的孩子，也要接纳活泼好动的孩子，还要能够承担孩子不慎造成的后果。

如果妈妈在西西最初摔碎果汁杯的时候就能以平静的情绪先安抚西西的情绪，那么妈妈自己也就不会情绪失控，更不会导致摔碎整套餐具。可以说，妈妈的坏情绪不但导致自己陷入崩溃之中，也使得西西陷入崩溃之中。

情感式引导教育就是要让家长知道，教育不能以暴制暴，尤其是孩子还小，缺乏人生经验，无法理性控制自己的言行举止。每当失控事情发生时，家长更要冷静，一切以孩子为先，然后再去处理孩子闯祸的后果，这是正确的做法。好父母还要知道，唯有你们情绪平稳，孩子才能性格平和，否则家长暴戾的情绪会给孩子的性格烙上深深的印记，导致孩子在成长的过程中误入歧途，倍感艰难。

在你发怒时，想办法让自己冷静下来

有些孩子对于父母说的话就像没听见一样，任凭家长在一旁喊得声嘶力竭，孩子都无动于衷。父母有没有找到原因呢？一起看下面的例子。

"丁丁，去把手洗干净，要吃饭了。"7岁的丁丁自顾自地看着动画片，对于妈妈第三次的召唤他仍然无动于衷。妈妈火了，扯着嗓子大声训斥："你没长耳朵吗？没听见我在叫你吗？"并走上前去关掉了电视。丁丁很无辜地垂下眼皮，很不舍地走出房间，随后低声嘟囔："你玩电脑的时候，我叫你，你不也听不见嘛！"

生活中经常会出现这样的场景，家长们为此感到十分疑惑，心想："孩子为什么对我的话无动于衷呢？"有的父母认为孩子这样的行为是一种不

尊重家长的行为，如果继续这么纵容下去，孩子早晚会变得目空一切。

遇到这种情况，父母不妨往好的方面去想想，孩子注意力集中不正表现于此吗？情感式引导教育就忌讳给孩子扣帽子，责骂孩子"不长耳朵"，要鼓励孩子，用爱心去感化孩子，并传达对孩子的信任。同时，父母还应该及时地反省自己，看看自己有没有过错。

很多家长都出现过这样的行为，对着孩子大喊："我再警告你一次，下不为例，这也是你最后一次，你听见没有？！"父母的怒火并不能让孩子改掉上述习惯。这样做，会让父母精疲力竭，但却很难奏效。试想一下，叫喊怎么可能让孩子做出改变呢？

更关键的是，大声地说教方式只会把孩子带到对立面，亲子关系也渐渐疏远。每一次对立，都会让彼此的关系更为恶化。而且，管教孩子的成果也会因怒火毁于一旦。粗暴的说教方式对孩子的成长是极为不利的。一旦家长这样粗暴的教育方式成为习惯，孩子对家长说的话也就会是"左耳进、右耳出"了。

英国教育协会的斯塔朋·斯科特教授表示，大声吼叫孩子是一个糟糕的现象，"大声吼叫并不能唤起孩子对这个世界的激情，相反，孩子很抵触家长对于自己的怒吼，这对他们心灵的伤害是巨大。"美国心理学家苏·格哈特也认为，有时候，孩子的压力是因为家长对自己的怒吼而产生，而且怒吼对于孩子大脑的成长是极为不利的。

对孩子大声喊叫下命令是最不明智的做法。情感式引导教育就是要把教育放在情感上，母子之间情感间的递进需要你用温和的态度对孩子进行说教，这样孩子会觉得你的说教是正确的，他们愿意按

照你说的去做。

还拿妈妈催促正玩得高兴的孩子吃饭做例子。显然，孩子正在兴头上，妈妈大叫："准备吃饭了，赶紧洗手！"一般不大可能有效果。此时对孩子发火，孩子反倒难以理解父母的反应。如果明白情感式引导教育，这时家长要想让孩子听话，就应该放下手中的事情，把孩子带到一个安静的场所并对他们用舒缓的方式说教。其实，每个孩子有着很强的好奇心，你对他说话的方式越是柔和，他越能对你说的话产生信服感。

如果妈妈实在是生气了，可孩子还是没有任何反应，妈妈就需要来到孩子面前，轻抚孩子的肩膀，叫他的名字，帮助他停下手里的事情。当孩子注意力发生转移时，你再开始说教。说话时，妈妈最好用双眼注视着孩子。这样有助于将双方带入平静的状态，久而久之，孩子也会养成看着别人说话的习惯，这是一种尊重别人的表现。

情感式引导教育，父母要学会控制住自己的情绪，在你将要发怒的时候要想办法使自己平静下来。比如，数几个数，或是自己进行深呼吸。如果你不能做到上述那样的情景，情感式引导教育也就无从谈起。

家长压力再大，孩子也非你的"出气筒"

现在的家长压力很大，要承担工作和生活的双重高压，有时难免出现烦躁、苦闷的情绪，如果这时孩子再不听话，就有可能把气撒在孩子身上，让他们成为了"出气筒"。

确实，家是能让人卸下防备尽情放松的港湾，但我们却不能把家当作发泄情绪的垃圾桶。现在人们的生活节奏越来越快，也越来越渴求片刻的放松，但孩子的学习压力也很大，学习一天消耗的体力、脑力，绝不亚于父母工作一整天付出的精力。

父母下班后孩子高兴地迎上来，却换来父母一句冷冷的："我累了，自己一边玩去。"孩子的感受可想而知，下次父母再回家，他还会这样高兴地迎上去吗？上一节我们也说过，情感式引导教育最忌讳无法控制自己的情绪。而要是将自己的负面情绪发泄在无辜的孩子身上，更是大忌。

菲菲的妈妈在一家大型公司做项目策划，平时的工作非常忙碌，每天需要和团队、客户开大大小小不同的会议。为了能让菲菲过上好的生活，她的妈妈可谓是拼尽了全力。

这天，菲菲在上数学课的时候，快速地解答出了老师出的一道难题，得到了老师的夸奖。菲菲很高兴，放学后兴冲冲地就往家跑，想快点回到家把这个好消息告诉妈妈。她到家后，发现妈妈还没有回来。菲菲就一直在门口徘徊，听楼道里的脚步声。终于，她听到了朝她家走的脚步声，妈妈回来了。当妈妈打开门的一瞬间，菲菲就立刻跑了上去，帮妈妈脱外套。然后就想把今天受到数学老师夸奖的事告诉妈妈。但她刚开始说第一句话时，妈妈就很不耐烦地对她说道："你整天缠着我干什么，没看到我这一天很累吗？你就不能自己回屋去安安静静写作业去吗？"菲菲看到妈妈脸色很不好，关心地问道："妈妈，你今天是有什么烦心事吗？"妈妈立刻大声说道："你没听到我刚才让你回屋写作业吗？怎么还在为旁边'嗡嗡'个没完？"妈妈的话立刻让菲菲的好心情荡然无存，她垂头丧气地走回自己的房间，重重地关上了门。

当晚，菲菲的爸爸知道了这个事，跑到菲菲的房间，告诉菲菲妈妈今

天因为工作的事，损失了一个重要的客户，被老板批评了，所以心情不好。菲菲听了爸爸的解释后，虽然理解妈妈，但她心想：妈妈损失客户，也不是我的错啊，干吗把气都撒在我身上呢？想起妈妈下班时对她的厉声厉色，菲菲的心理就很郁闷。

家长们除了要照顾孩子，还得每天拼命地工作，压力大有情绪是很正常的。但这却难以成为他们把情绪转嫁到孩子身上，让孩子成为他们的出气筒的借口。如果家长常常这样做，会对孩子的成长造成极为恶劣的影响，同时也会造成家长和孩子之间的隔阂。

对于年幼的孩子来说，他们正处于生长发育阶段，生理及心理都非常脆弱，反抗的力度也不够，正是需要父母与社会保护和正确教育的年纪。父母有不如意、不顺心的时候，就拿孩子出气，只能对孩子造成难以估量的生理及心理创伤，影响子女的健康成长。尽管压力需要一个宣泄的渠道，但是，孩子绝对不是我们压力宣泄的渠道。

有位妈妈由于单位改制，成了临时工。由于心理不平衡，她回到家常常呵斥8岁的女儿。她的女儿其实很优秀，还曾在多种竞赛中拿过奖，但这位妈妈却不断提高对女儿的要求，并对女儿百般挑剔。

每次骂完女儿，她自己也很后悔，觉得女儿已经够优秀了，自己却总把严格要求女儿当作发泄自己不良情绪的一种方式。久而久之，女儿一见到妈妈回家就十分紧张，总怕自己做错什么惹来妈妈一顿骂。

做家长要有耐心，你的催促只会让孩子更毛躁

父母过分催促孩子，会让原本专注于做某件事情的孩子，为了盲目追

求速度，而根本没有耐心去认真地完成既定的任务。偏偏现代社会，生活节奏越来越快，工作压力越来越大，很多父母在忙于工作的同时兼顾家庭，总是手忙脚乱。人们长期处于急躁的状态之中，难免会感到内心焦虑，神经紧绷。他们工作的时候就像个陀螺一样旋转个不停，下班之后也无法放缓节奏，依然火急火燎，风风火火。即使回归到家庭生活，面对慢吞吞的孩子，他们也慢不起来，而对于24小时中的每一分每一秒都有着近乎严苛的安排。例如，每天下班之后几点钟之前要做好饭，几点钟之前要吃晚饭，几点钟之前要洗漱上床，这样看似有规律的生活实际上让人生变成了军营，每个人都是其中的兵，都必须一板一眼地遵循生命的节奏，也拼尽全力面对人生的各种事情。

很多家长都会抱怨养育孩子太累，实际上，这都是因为家长把职场上的节奏带入了生活，也把对待工作的急躁运用到孩子身上。家长不但这么要求自己，也这么要求孩子，在心急如焚中，他们不停地催促孩子，使原本可以用心、认真细致地把事情做好的孩子，也变得越来越毛躁。有的时候，看到孩子缺乏耐心，家长还会怨声载道："这个孩子真是不知道随谁，一点儿耐心也没有。"家长们，先不要着急抱怨孩子好吗？想一想你在一天的时间里多少次催促孩子要快点起床、穿衣服、洗漱、吃饭、上床睡觉，你就能够找到孩子急躁的原因。在父母一声紧似一声的催促中，孩子们根本无法完全安静下来专心致志地享受做某件事情的过程，最终，原本应该关注事情本身的他们，为了尽快完成某件事，而急功近利，焦虑不已。所以要想教育出淡定从容、不急不躁的孩子，家长要从反思自身开始做起。

小朵的爸爸妈妈觉得生活压力太大，原本不准备要孩子，而要加入丁克一族。后来，妈妈在人到40岁的时候突然觉得孩子非常可爱，而作为

女人如果在一生之中没有当过妈妈，就是不完整的。为此，在做好充分的准备之后，妈妈在42岁那年有了小朵。小朵出生的时候，比妈妈大3岁的爸爸，已经45岁了。

人到中年，从两口之家到三口之家，爸爸妈妈觉得压力很大，妈妈在生下小朵休完产假之后，马上回到工作岗位上继续工作。孩子的出生，彻底打乱了他们的生活，尽管有老人帮忙带孩子，但是看着同龄人的孩子都上初中了，自己的孩子尚且在襁褓之中，再想一想等到孩子结婚的时候，自己都已经年逾古稀，妈妈更是感到压力山大。

虽然是中年得子，妈妈对小朵丝毫不宠溺，而是迫不及待想让小朵长大，也想让小朵知道人生不容易。在小朵10岁那年，已经年过半百的妈妈决定对小朵展开密集的提升行动。有一次，妈妈在辅导小朵做奥数题目的时候，反反复复讲了三遍，小朵还是听得稀里糊涂，丝毫也不明白。妈妈气急败坏，突然间指着小朵的脑门说："你是不是笨蛋啊，怎么我讲了这么多遍你都听不懂呢！你这样，等到爸爸妈妈老了，看谁还能管你！"看到妈妈反常的样子，小朵吓得哇哇哭起来。后来，为了避免被妈妈发现作业没写完，小朵总是一放学就三下五除二地完成作业，遇到不会做的题也糊弄了事，再也不等着妈妈辅导自己了。渐渐地，小朵养成粗心敷衍的坏习惯，原本稳定的学习成绩也一落千丈。

人到中年当家长，当然会比那些年轻的甚至自身都没有完全成熟的家长有更多的考量，也承受着更大的压力。妈妈很清楚，等不到小朵长大，自己就会变老，为此，她对小朵提出更多的要求，也常常火急火燎地催促小朵。妈妈不知道，不管父母与孩子之间的年龄差多么大，这都不是孩子的错，每个孩子既然来到这个世界上，就有权利享受慢慢成长的过程。父母给予孩子的压力越大，给予孩子的催促越多，孩子就越是会被打乱节奏，内心纷乱。

十年树木，百年树人。教育工作并非一朝一夕可以完成，尤其是情感式引导教育，更不能操之过急。这里有几点建议供各位家长参考，希望对家长们有所帮助。

1. 家长要有耐心

家长要对自己的情绪控制和管理，克制自己的急躁，耐心对待身边的人和事。如果家长经常对孩子发脾气、表现得急躁，这种不良情绪对孩子也是非常大的影响，会给孩子一个不好的示范。情感式引导教育，首先要对孩子有耐心，让孩子在轻松愉快的氛围中进行学习。比如处理孩子经常犯的错误，家长不要不容分辩就对孩子进行批评和否定，让孩子觉得自己很差劲。家长处理问题的方式对孩子有很大影响，孩子不知不觉中会模仿家长处理问题的方式。这样一来，家长非但没有对孩子进行正面教育，反而给孩子树立了反面榜样。所以，要想教育孩子，家长自己首先一定要有耐心。

2. 家长要给孩子改正错误的机会

古语有云："人非圣贤，孰能无过。"孩子更是如此。每个人都在犯错中不断学习、积累经验，这样才能取得进步。家长在面对孩子的错误时，不要不问青红皂白便大发雷霆。家长要明白，孩子犯错是正常的，即使在同一个地方上跌倒两次也是情有可原。孩子犯错后，家长要引导孩子认识到错误并能够改正错误，让孩子在错误中学会总结经验、不断进步。这个

过程不是一两天就可以完成的，家长不能操之过急。错误让人成长，家长要允许孩子犯错。其实，犯错并不是一件坏事，因为错误暴露出孩子情商中存在的问题，为家长的教育指明了方向。因此，家长要正确看待孩子的错误。

3. 家长要做好打持久战的心理准备

情感式引导教育涉及范围广、内容多，是一场持久战。孩子在不同年龄、不同时期面临的问题不同，需要的引导教育也不同。比如婴幼儿时期，要提高孩子的辨别能力、行动能力；儿童时期，需要孩子懂得文明礼貌，提高孩子的生活自理能力及简单的是非分辨能力；青少年时期，则需要对孩子的情绪控制和管理能力进行培养，教孩子学会坚强、认真等品质，为孩子未来的学习生活打下良好的基础。其他方面包括人际关系的培养，教孩子学会和不同的人的相处之道，包括与朋友、与家人、与同学相处，直到孩子长大成人与同事、与恋人相处等，都需要家长对孩子进行培养。因此，情感式引导教育不是一个短期任务，而是一个非常艰巨的持久战，每一个环节都不可略去，也不能操之过急。所以，作为家长要有心理准备，用耐心、信心和正确的方式对孩子进行引导教育，让孩子成为一个有用之人，在未来的社会竞争中能够游刃有余，轻松应对学习和生活。

别因为你的不耐烦，盲目打断孩子的话

通常，孩子向父母倾诉某件事情的时候，父母很喜欢中途打断孩子，然后喋喋不休地论述自己对这件事情的想法和主张，并希望孩子顺从。但

父母越是这样做，效果越是糟糕。这是为什么呢？

要想弄清孩子为何不愿按照父母所表达的想法行事，就要先弄清父母为何不愿让孩子完整地表达自己的想法或是讲述一件他们认为很有意义的事情。首先，父母总认为孩子年龄小、不懂事，他们所表达的东西都是没有价值的，只要认真听大人的话，大人让他们怎么做，他们顺从地做就可以了。其次，孩子所表达的事情对于孩子自己来说很有意思，或意义非凡，但是在大人眼中却十分幼稚，甚至不值一提，大人便不喜欢倾听，或是更愿意让孩子把说闲话的时间用来做他们认为有意义的事情，例如写作业、阅读课外读物等。

其实，孩子们虽小，他们也有自己的主观想法，也有人格自尊，也想拥有话语权（实际上他们本身就有话语权，而不该被大人剥夺）。父母专断地把自己的想法强加给孩子，阻止孩子完整表达自己的意愿，是否定孩子价值观的一种行为。

雨轩从小就聪明伶俐，鬼点子很多。有一天，老师讲了外国的一位科学家如何发明和制造小汽车的故事，雨轩听得很入神，认为能制造汽车是件十分神奇而又了不起的事情，于是他突然之间萌发出一个大想法，那就是自己制造一辆小汽车。放学回家的路上，雨轩急切地想将自己这一伟大的想法告诉妈妈，也让妈妈为他高兴一下。

雨轩一进客厅，就急匆匆跑到妈妈面前说："妈妈，妈妈，我想跟你说一件十分神奇的事情。"

妈妈说："什么事啊，雨轩？"

雨轩说："今天老师在课堂上给我们讲了如何制造小汽车的故事，我也想自己手工制造一辆。"

没等雨轩接着往下说，妈妈便突然插话道："哎呀，你这么想可真是自不量力，有哪个孩子这么小能制造汽车的，还是去好好学习吧。"

雨轩接着说道："可是妈妈，书上写着……"

妈妈说："书上写了很多知识呢，什么几何算术啊，唐诗古文啊，英语对话啊，你应该多看看这些，其他的东西等你以后长大了再去研究。"

雨轩还想继续跟妈妈说些什么，可是妈妈已经起身去了厨房，不愿再跟雨轩讨论制造汽车的事情。妈妈怕雨轩还琢磨汽车的事情，就隔着厨房玻璃，大声对雨轩说道："我给你掏那么多学费，是让你好好读书去了，不要再琢磨制造汽车了，赶快去写作业，一会儿我要检查。"

雨轩一声不吭地回到自己的房间，坐在写字桌前摊开了作业本。他表面上是在写作业，可是心里却感到委屈，他暗暗发誓，以后再也不跟妈妈分享自己心里的想法了。

父母盲目打断孩子的话，在父母眼中是关心爱护孩子的一种表现，但是孩子心里会做何感想呢？或许孩子会认为父母不给自己说话的机会，其实是因为他们的关心与理解是虚情假意，自己只不过是听其差遣的小丑罢了。父母抱怨孩子不理解自己的一片苦心，而孩子则认为父母不重视自己，因而与父母之间不知不觉就形成一道鸿沟。鸿沟这边的父母极力想跨过鸿沟追赶孩子，而孩子却在鸿沟那边愈行愈远。

每一位父母都希望自己的孩子无忧无虑，健康成长，而保证孩子身心健康成长的前提是与孩子建立良好的沟通和理解，建立和谐美好的亲子关系。要想做到这些，靠的不是单纯说教，而是当孩子讲话的时候，多给他们一点时间和耐心，不要粗鲁地打断孩子的谈话。如果你当时没时间倾听，不妨与孩子商量，找一个更为合适的机会。既然已经让孩子开口说话，就不要轻易打断，这样才能保证孩子更好地表达自己。

小初是个非常有意思的孩子，他经常将自己晚上做的梦讲给妈妈听，不管是噩梦还是美好的梦，每当孩子说出来的时候，妈妈就会感受到孩子世界的纯真与美好，因而从来不会中途打断。

一天早上，妈妈正在厨房里给小初做馅饼，弄得满手都是油和面。小初揉着朦胧的眼睛跑了过来说："妈妈，我昨晚又做梦了，我的梦十分有意思，我像小鸟一样飞起来了。"妈妈此时很想听小初讲他的美梦，但是她担心一分心把馅饼烙糊了。妈妈回头望着小初那充满期待的眼神，说道："小初，妈妈现在要为你做好吃的馅饼，没有时间听你讲你的美梦，等一会儿馅饼做好了，我们都可以坐下来吃的时候，小初再给妈妈讲好不好？"

小初是个懂事的孩子，他知道在这个环境下讲话，妈妈是听不清楚的，并且他也希望吃到美味可口的馅饼，于是他说："那好吧，妈妈，等一会儿我再告诉你。"

其实小孩子的分享之心是十分强烈的，当他们心里有话时，总是希望第一时间与最亲近的人分享。但是妈妈当时的时间不够充裕，小初只好忍着想说话的强烈心情。过了一会儿，妈妈终于做好早餐了，小初一屁股坐在凳子上，急急忙忙对妈妈说道："妈妈，我梦到我像小鸟一样会飞了。我飞得可高可高了，一会儿飞过小河，一会儿飞过高山，一会儿飞过草原，旁边还有好多鸟，都被我超过了……"小初越说越高兴，妈妈认真听着，并时不时问一些有关梦境的有趣问题，例如"你飞过草原时有没有看到马呢""你超过其他小鸟时，它们有没有追你呢"……

小初越说兴致越高，最后他觉得语言已经不足以表达自己梦境的神奇，

他决定邀请妈妈一起跟他把梦里边的情境画下来。妈妈答应了小初的要求，两人高高兴兴地去画画了。

小初的妈妈是一个懂得情感式引导教育的妈妈，她明白孩子有了某种想法或是做什么有趣的事情，最希望与父母分享，父母要多给予他们耐心与鼓励，让孩子把话说完。当孩子尽情表达了自己，他们的情绪会得到释放，体会到愉悦和满足，从而深信父母是理解和支持他们的。

对于父母一方来说，当他们放下身段，给予孩子足够的时间表达自己，让孩子行使话语权，才能真正了解孩子心里的想法，从而与孩子进行更有效的沟通和交流。

言传身教，做好孩子的第一任老师

所有家长都应该听过这样一句话——家长是孩子的第一任老师。由这句话可以看出，孩子的性格和情绪很大一部分会受到家长的影响。可以说，家长这位"老师"平时自身修养和水平越高，对孩子的帮助也就越大。如果家长情绪稳定，就可以在生活中给孩子良好的影响和指导。

妈妈下班一回家，就看见小雪独自坐在客厅里，脸上还挂着几串泪珠。

要是以前，妈妈肯定又要发脾气，不问缘由先呵斥小雪不许再哭。不过，妈妈在"冤枉"了几次小雪后，注意到小雪的情绪变化，开始转变自己的方式。她并没有发火，而是询问小雪："小雪，怎么了？发生了什么事让你这么不开心啊？"

小雪没说话，被妈妈一问，更是一个劲儿流眼泪。妈妈看到孩子旁边的玩具熊的一只胳膊快掉了,这是小雪最喜欢的玩具。小雪哭着说:"妈妈,我的小熊在小朋友抢的时候被弄坏了。"

"妈妈知道你很喜欢小熊,也知道你现在很难过。没关系,先不哭好不好?我们来看看小熊的胳膊还可不可以补救。"

"真的吗?"小雪一下子看到了希望,擦擦眼泪,对妈妈说道,"妈妈,你一定要帮我弄好小熊的胳膊啊。"

"嗯,好,我帮你看看。但是妈妈也不能保证一定会好。不过不管怎么样,你都不要太难过好吗?"妈妈郑重地说。

小雪想了想说:"好,我答应你。不过,妈妈,就算小熊修不好,我们也不要把它丢掉好不好?"

"嗯,好,怎么会丢掉呢,小熊没有家多可怜啊。我们把它收藏起来,这样你还可以经常看到它。"

"嗯。"小雪开心地答应了。

情感式引导教育的目的在于培养孩子一个良好健康的心理状况。这需要在孩子还是很小的时候就开始做,而教导孩子认识和正确地对待情绪是最基本的部分。情绪是一个比较抽象的存在,用语言来教导孩子认识往往没有很好的效果,家长的"身教"就要比"言传"更加有效。

一个人的成功,百分之二十得益于智商,百分之八十则是情绪的功劳。所以,家长不仅要学会控制自己的情绪,还要帮助孩子来发展情绪智慧。有两种家长,一种叫作情感疏离型家长,一种叫作情感教导型家长。前一种家长会压抑孩子的情绪,后一种家长懂得帮助孩子去抒发,并且帮他调节情绪,建立情感智慧。情感疏离型的家长比较粗心,他们在孩子遇到情绪问题时,会压抑孩子的情绪,让孩子的情绪得不到排遣和抒发,这样是

不利于孩子的心理健康的。很多心理问题就是这样积少成多，最终困扰孩子的。而情感教导型的家长不会简单地压抑孩子的情绪，他们会帮助孩子梳理情绪，解决情绪问题。举个简单的例子，孩子的宠物猫病死了，面对孩子低落的情绪，情绪疏离型的家长会直接告诉孩子："猫死了就死了，没关系，再买一只就是了。"这是很实际的说法，没有任何错误。但是，孩子的情绪却没有被重视，被家长压抑着，没有得到很好地理解和排遣。久而久之，孩子会变得漠然和习惯性地压抑情绪。而情绪教导型的家长不会漠视孩子的悲伤情绪，首先要肯定孩子的情绪，比如告诉孩子："我知道你很伤心，我小时候，心爱的狗死了也是这样的心情。"一句话肯定了孩子情绪存在的正确合理性，再帮孩子认识情绪，逐渐排解情绪，让孩子知道，人有情绪是自然的，情绪是可以被了解、被疏导、被善用的。经过这种学习，孩子将来如果碰到痛苦与挫折时，就懂得自我抚慰、梳理情绪。长大以后，孩子也因了解自我和别人内在的情感世界，比较容易与别人建立好的关系。

在情感式引导教育时，家长要明白的一个道理是：每个人都可以有不同的心理感受和情绪反应。己所不欲，勿施于人，孩子对一件事的情绪反应是没有对错之分的，家长要承认孩子的情绪与自己的情绪之间的差异，不要勉强孩子与自己保持一致。一个人的行为有对错之分，思想也可以有是非之别，但是情绪反应本身是没有错的。家长不要急于否定孩子的情绪反应，不要对孩子的情绪擅自进行自己的"道德审判"。